예수님의 꿈아이

예꿈

유치부 교사용

주제: 예수님에 대해 배워요

I learn about Jesus

KB200459

두란노

Originally pubished in the USA

LiFE(Living in Faith Everyday)

Preschool & Kindergarten
Copyrights ⓒ 2001 by CRC Publications
Grand Rapids, Michigan 49560

Korean translation copyright ⓒ 2004 by Duranno Press, a division of Duranno Ministry
38, 65-gil, Seobinggo, Yongsan-Gu, Seoul, Korea

예꿈 1

초판 발행 · 2004. 12. 25
개정2판 1쇄 발행 · 2014. 11. 4
등록번호 · 제 3-203호
등록된 곳 · 서울시 용산구 서빙고로 65길 38
발 행 처 · 사단법인 두란노서원
영업부 · 2078-3333 FAX 080-749-3705
출판부 · 2078-3332
두란노몰 · mall.duranno.com
인쇄처 · 아트프린팅

일러스트 · 박민정 이향순 이승애 정소은
표지 및 편집디자인 · 김지연 한자영
기획 및 편집 · 예꿈 편집부
연 구 원 · 김정순 권교화 고진쥬 강정현 고은님 김윤미 김지연 김한승 이은정 이향순 장영미 진명선 한인숙

두란노서원은 바울 사도가 3차 전도 여행 때 에베소에서 성령 받은 제자들을 따로 세워
하나님의 말씀으로 양육하던 장소입니다. 사도행전 19장 8-20절의 정신에 따라 첫째
목회자를 돕는 사역과 평신도를 훈련시키는 사역, 둘째 세계선교(TIM)와
문서선교(단행본 · 잡지)사역, 셋째 예수문화 및 경배와찬양 사역, 그리고 가정 · 상담 사역
등을 감당하고 있습니다. 1980년 12월 22일에 창립된 두란노서원은 주님 오실 때까지 이
사역들을 계속할 것입니다.

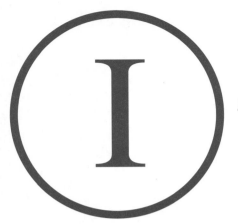

유치부 교사용

I learn about Jesus

예 꿈 둘러보기

➡ 이 과를 준비하는 선생님께

이 과의 성경 이야기를 이해하는 데 도움이 되는 본문의 신학적 배경과 중심 개념을 설명합니다. 이것을 통하여 선생님은 본문을 깊이 이해하고 그것을 어린이들에게 적절히 표현할 수 있도록 도움 받을 수 있을 것입니다. 또한 어린이뿐 아니라 선생님 자신의 삶에서도 깊이 있는 묵상이 이루어지도록 이끌 것입니다.

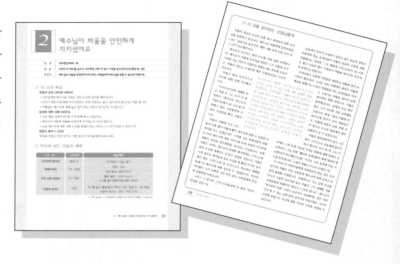

⬇ 반가워요

교회 가는 것이 기쁘고 즐거운 경험이 될 수 있도록 어린이들을 환영합니다.

➡ 마음 열기

그날의 말씀을 잘 이해하도록 도움을 주는 활동입니다.

➡ 성경 봉독

교사용 교재의 성경 본문은 《우리말 성경》(두란노서원)을 사용하였습니다.

⬇ 들어가기

성경 이야기를 들려주기 전 주의를 집중하도록 돕습니다(도입).

➡ 이야기 나누기

하나님의 말씀을 다시 한 번 생각하며 이해하고 마음으로 느껴 보도록 하는 질문입니다.

⬅ 다함께 모여요

동적인 활동을 통해 오늘의 주제를 체험합니다.

➡ 마음에 새겨요

오늘 배운 말씀을 삶 속에서 적용하는 데 도움을 주는 질문입니다.

어린이들의 세계

이 교재와 함께 할 때 얻는 기쁨 중 하나가 유아부나 유치부 아이들이 신앙 안에 성장하는 것을 함께 경험하는 것입니다. 선생님들은 아이들과의 대화중에서 아이들이 무엇을 생각하고 느끼고 상상하고 궁금해 하는지 알게 될 것입니다. 선생님들도 아이들의 마음과 가슴에 영향을 미칠뿐 아니라 하나님에 대한 아이들의 순수하고 신선한 믿음에 선생님 자신도 영향을 받을 것입니다.

지적 특징

유치원 아이들이 이야기하는 것을 5분만 들어보면 아이들이 생각하고 배우며, 하나님이나 다른 사람들, 자기를 둘러싼 세계에 대해 결론을 내리는 방식에 대해 알게 될 것입니다. "누구나 어린이를 가르칠 수 있다."고 생각하는 사람은 아이들이 행동하고 생각하고 새로운 경험을 받아들이며 배우는 방식이 단지 어른의 축소판은 아니라는 사실을 모르고 있는 것입니다. 유아부나 유치부 아이들은 우리들의 축소판이 아닙니다. 그들은 다릅니다.

어린아이들은 구체적인 경험에 민감합니다

그들은 맛보고 만지고 움직이고 탐구하고 냄새 맡고 관찰하고 질문을 던지는 것을 좋아합니다. 이것을 깨닫고 아이들을 이끄는 도구로 활용한다면 아이들이 어떻게 배우고 발전하는 지 이해하는 단계에 접어든 것입니다. 유아 • 유치부 아이들은 경험을 통해 배웁니다. 그들은 집이나 유치원, 놀이방, 교회 등 그들이 경험할 수 있는 한계 안에서 배웁니다. 아직 사고력이 부족한 아이들은 논리적인 추리를 통해 믿음에 대한 추상적인 개념을 형성하기 어렵습니다. 그러므로 아이들이 직접 경험해본 적이 있는 예를 들어 직접적이고 간단하고 구체적으로 설명해야 합니다. 성경공부를 새로운 경험의 장으로 삼는 게 좋습니다. 아이들을 가르치는 동안 기독교적 삶의 모델을 직접 보여주며 따르게 해야합니다. 행함을 통해 아이들은 배우고 기억합니다.

어린아이들은 이야기하는 것을 좋아합니다

때때로 아이들의 언어구사 능력 때문에 그들이 정말 잘 이해하고 있다고 잘못 판단할 수도 있습니다. 아이들은 자기 말에 사람들이 어떤 반응을 보일지 정말 잘 압니다. 그리고 정답을 이야기하면 어른들이 미소를 띠며 반긴다는 것도 금방 배웁니다. (이 교재는 이 때문에 정답이 없는 질문들을 많이 제시해 놓았습니다.) 이 교재를 통해 아이들이 거짓으로 아는 척하는지 정말 이해하고 있는지 점검해볼 수 있을 것입니다.

어린아이들은 구체적이며 직접적인 언어를 사용하는 것을 좋아합니다

언어사용에 유의하시길 바랍니다. 아이들은 자신이 경험한 것을 있는 그대로 해석한다는 사실을 잊지 마십시오. 아이들과 믿음에 대해 이야기할 때 직접적인 언어를 사용하십시오. 상징이나 비유를 섞어 이야기하는 것은 어른에게나 적당한 방법입니다.

어린아이들은 온몸으로 배웁니다

유아 • 유치부 아이들은 온 몸으로 배우기 때문에 아이들이 몸을 움직일 수 있도록 계획을 짜두는 것도 중요합니다. 게임이나 이야기나 다른 활동들을 되도록 짧게 구성하고, 방의 이곳 저곳을 옮겨가면서 하는 것도 좋은 방법입니다. 조용히 듣는 시간과 활발하게 움직이는 시간의 비례를 맞추어 보기를 원합니다. 성경공부 하는 동안 갖가지 활동을 통해 아이들이 자신의 경험과 느낌을 선생님이나 다른 아이들과 나눌 수 있게 유도할 수 있습니다.

사회적 특징

아이들이 주변 사람들을 대하는 방식 또한 어른과 완전히 다릅니다. 어린아이들의 세계에서 중심은 자기 자신입니다. 그들은 완전히 자기 중심적입니다. 자기 중심적인 유아와 자기 중심적인 어른의 차이점은 아이들은 그렇게 밖에는 행동할 수 없다는 데에 있습니다. 그들은 자기 자신의 눈을 통해서만 세계를 보며, 다른 사람이 어떤 생각을 하는 지 추리하는 것도 다른 사람들의 감정을 이해하는 것도 어려울 때가 많습니다. 아이들의 이런 특징을 이해해야 철저히 자기중심적인 그들의 행동을 비판하지 않고 그대로 이해하고 받아들일 수 있게 됩니다. 이 교재는 하나님에게 우리가 얼마나 특별한 존재인지, 우리는 하나님에 의해 창조되었고, 하나님께 속하며 하나님은 우리를 정말 많이 사랑한다는 사실을 계속 되풀이해 이야기합니다.

어린아이들은 부모와 교사로부터 영향을 받습니다

유아 • 유치부 아이들은 자기 중심적이지만 많은 사람들의 영향을 받고 있기도 합니다. 천천히 시간을 두고 아이들이 하는 행동이나 이야기를 관찰하면 그들의 행동이나 감정, 태도가 다른 사람들의 영향, 특히 부모로부터 비롯된 모습을 많이 볼 수 있을 것입니다. 사실 엄마, 아빠만큼 어린아이들에게 영향을 미치는 사람이 없으므로 하나님과 우리와의 관계를 부모의 모습을 통해 설명합니다. 이 교재가 아이들에 대한 본보기로서 교사의 역할을 강조하는 것도 이 때문입니다. 교사는 아이들에게 하나님의 사랑을 보여주며, 동시에 하나님의 사랑에 대해 감사와 믿음으로 반응하는 것을 구체적인 방법으로 보여주어야 합니다.

어린아이들은 교회학교를 통해 가족 외의 좀 더 넓은 세계를 경험하게 됩니다

유아 • 유치부 아이들은 이제 좀 더 넓은 세계를 경험하게 될 것입니다. 선생님 반 아이들 중 몇몇은 부모의 관심을 독차지하다 처음으로 단체의 일원이 되어 어른의 관심을 다른 아이들과 나눠가져야 하는 경험을 하고 있는지도 모릅니다. 다른 아이들과 어울려 놀고, 협조하고, 나누고, 단체의 일원이 된다는 것이 여전히 자신밖에 모르는 그들에게는 새롭고 때로는 절망적인 경험이 될 수도 있습니다. 교사는 저마다 칭찬 받고 인정받기 원하는 아이들의 요구에 민감하게 대응하면서 그들이 단체생활에 잘 적응할 수 있도록 주의 깊게 사랑으로 돌봐야 합니다. 이 나이의 사회적 특징이 자기 중심적이라는 것을 이해하는 것도 분명 도움이 될 것입니다!

영적 특징

어린아이들은 하나님을 깊이 느끼는 영적인 자질을 분명히 지니고 있습니다. 세계적인 종교 교육자 소피아 카발레티는 "하나님과 아이들 사이의 신비스러운 연대감"(그의 책 '아이들의 종교적인 자질: 3살부터 6살까지 아이들의 사례'에 잘 나와 있습니다.)에 대해 뚜렷한 사례를 들고 있습니다. 이 책에서 카발레티는 기독교 가정에서 태어나지 않는 아이조차 하나님을 느끼더라고 소개합니다. 그는 종교적인 영향을 전혀 받지 않고 성장한 3살짜리에게서도 그 예를 찾아낼 수 있었다고 합니다.

> 그 아이는 종교적인 영향을 받아본 적이 없다. 탁아소를 다닌 적도 없었고, 집에서는 할머니조차 무신론자여서 하나님에 대한 이야기를 한 적이 없다. 그러니 물론 교회를 가 본 적도 없다. 어느 날 그는 아버지에게 이 세상이 어떻게 생겨났는지 물었다. "세상은 어떻게 생겨났어요?" 그의 아버지는 유물론을 바탕으로 자신의 생각을 이야기하면서 덧붙였다. "그렇지만 이 모든 것이 굉장히 힘있는 존재, 하나님이라고 하는 존재에서 생겨났다고 하는 사람들도 있어." 이 말을 듣는 순간 어린 여자아이는 기뻐서 방안을 껑충껑충 뛰어다니며 소리질렀다. "아빠 생각은 틀렸어요. 하나님이 만드신 거예요. 하나님이 만드신 거예요!"라고 하면서.

어린아이들은 보통 하나님을 인간의 모습으로 생각합니다

그렇다면 어린아이들에게 하나님은 어떤 존재일까요? 유아·유치부 아이들은 하나님을 어떻게 생각할까요? 앞에서 이야기했듯이 아이들은 언제나 구체적으로 생각하고 자신의 경험을 있는 그대로 받아들이기 때문에 하나님에 대한 생각도 이 패턴을 따릅니다. 어린아이들은 보통 하나님을 인간의 모습으로 생각합니다. 여기에다 들은 대로 믿어버리는 아이들의 특성 때문에 신앙의 리더이자 양육자로서 당신의 역할이 중요하다는 것입니다. 복잡한 종교적인 개념을 가르치는 것보다 행동과 태도로 믿음을 보여주는 데에 초점을 맞추는 것이 중요하다는 것도 이 때문입니다.

어린아이들은 하나님의 사랑에 대한 양육자의 반응을 통해 생활 속에서 성경의 진리를 이해합니다

그러나 성경을 교리적으로 이해하는 것도 또한 중요한 목표입니다. 이번 단계에서는 우선 하나님의 사랑과 그에 대한 우리의 반응을 유아부나 유치부 아이들이 생활 속에서 구체적으로 이해할 수 있게 합니다. 믿음이나 사랑 같이 긍정적이며 단순 명쾌한 태도는 아이들도 쉽게 깨달을 수 있습니다. 따라서 성경 이야기를 통해 사랑을 보여주고, 훗날 성경의 위대한 진리를 이해할 수 있는 태도를 갖게 하면서 아이들이 이해할 수 있는 범위, 아이들의 세계 속에서 믿음을 성장시킵니다.

어린아이들은 옳은 일을 하기 위해 자신의 감정을 통제하지 않습니다

어린아이들의 믿음을 성장시켜야할 우리 어른이 가져야 할 태도 중 기본적인 것은 아이들은 지적으로나 사회적으로나 도덕적으로 우리들과는 다르다는 것을 깨닫는 것입니다. 유아부나 유치부 아이들은 단지 옳고 그른 관점에서 생각하지 않습니다. 그들은 옳은 일을 하기 위해 자신의 감정을 통제하지 않습니다. 벌을 받지 않으려고? 맞습니다! 인정을 받으려고? 자주 그러지요! 그러나 우리가 알고 있고 우리가 도덕적 판단을 할 때 경험하는 양심이란 것은 만 9세나 10세가 될 때까지 아이들의 인격 속에 완전히 자리 잡지는 못합니다. 이 책은 아이들이 믿음 안에서 성장하면서 하나님의 자녀로 성숙할 수 있도록 이러한 판단력과 책임감을 키우고 그런 태도를 북돋웁니다.

어린이들이 예수님에 대해 알게 되었어요

성 경	마가복음 10:13-16
암 송	어린아이들이 내게 오는 것을 용납하고 금하지 말라 하나님의 나라가 이런 자의 것이니라 (마가복음 10 : 14)
포인트	예수님은 어린이들을 사랑하신다는 것을 알게 되었어요.

◻ 이 과의 목표

믿음의 성숙 (교사와 어린이)

- 예수님에 대해 더 많이 알게 되기 원합니다.
- 예수님은 우리가 어린이든지 어른이든지 우리를 사랑하고 함께하기 원하신다는 것을 깨닫습니다.
- 예수님에 대한 우리의 사랑을 표현합니다.

성경에 대한 이해 (어린이)

- 오늘 배운 성경 이야기를 설명할 수 있습니다.
- 예수님이 어린이들을 반갑게 맞이할 때 어린이들이 어떻게 느꼈을지 상상해 봅니다.
- 우리 모두 예수님에게 소중한 사람이라는 것을 이야기 합니다.

믿음의 본보기 (교사)

선생님 반의 어린이들에게 예수님의 사랑을 보여 주고 표현하세요. '알아맞히기'

◻ 한눈에 보는 오늘의 예배

순 서	소요시간	활동계획
유치부에 왔어요	예배 전	반가워요 · 마음 열기
예배드려요	35-40분	찬양 · 기도 성경 봉독 · 성경 이야기
우리 반에 모여요	15-20분	출석 확인 · 이야기나누기 소그룹 놀이 활동(예수 사랑 카드 만들기 외 1 중 택일)
다함께 모여요	10분	대그룹 놀이 활동(예수님을 만나요) 마음에 새겨요 · 광고 · 마침 인사

* 위의 순서는 각 교회학교의 사정에 따라 다르게 진행될 수 있습니다.

◉ 이 과를 준비하는 선생님들께

이번 주제에서 배울 말씀은 예수님이 특별히 시간을 내 주시지 않았을 것 같은 사람들, 즉 그 시대에 하찮게 여겨지고 존중받지 못했던 아이들과 여인들, 세리들에 관한 이야기입니다. 보통 사람들이 관심을 가질 만한 대상과 예수님이 관심을 보인 대상은 전혀 달랐음을 이 이야기는 전해 줍니다.

이번 과의 성경 이야기는 평화로운 분위기로 시작됩니다. 아이를 가진 부모들은 자신의 자녀들이 축복을 받게 하기 위해 아이들을 예수님께 데려왔습니다. 그들이 예수님께로 아이들을 데려온 것은 예수님이 기적을 행하시는 분이라서가 아니라 그들이 예수님을 사랑하고 신뢰하기 때문입니다.

이 이야기를 아이들에게 들려줄 때 가장 중요한 것은 부모님들과 아이들의 가슴 속에 있는 예수님에 대한 사랑과 믿음을 전달하는 것입니다. 그것을 통해서 아이들은 예수님이 우리들 각자를 사랑과 관심으로 대하신다는 것을 깨달을 수 있을 것입니다.

제자들은 왜 사람들이 예수님께 아이들을 데려오는 것을 막았을까요? 피곤에 지친 예수님이 불필요한 일을 하지 않도록 보호하고 싶었기 때문일까요? 이 경우는 그렇게 보이지 않습니다. 성경에서는 제자들이 무엇인가 잘못된 일을 한 것처럼 사람들을 꾸짖었다고 합니다(마가복음 10장 13절 참고).

나중에 예수님이 하신 말씀을 생각해 볼 때 아마도 제자들은 아이들이 너무 어려서 하나님 나라에 대한 예수님의 가르침을 알아들을 수 없으리라고 생각했던 것

이 이야기를 아이들에게 들려줄 때 가장 중요한 것은 우리 가슴 속에 있는 예수님에 대한 사랑과 믿음을 전달하는 것입니다. 그것을 통해서 아이들은 예수님이 우리들 각자를 사랑과 관심으로 대하신다는 것을 깨달을 수 있을 것입니다. 예수님에게 있어서 아이들은 2등 시민이 아닙니다. 사람들이 그런 식으로 아이들을 취급할 때 예수님은 노하셨습니다. 그들은 앞으로가 아니라 현재 하나님 나라에 속해 있는 존재입니다. 아이들은 지금 이 순간 예수님에게 중요한 존재입니다. 하나님은 그들의 단순한 믿음과 찬양을 기뻐하십니다.

같습니다. 어린아이들(12세 미만)은 심각한 일들을 의논하는 자리에 있으면 안 되고, 아이들은 너무 어려 진정한 믿음을 가질 수 없다고 생각한 듯 합니다.

요즘도 그렇게 생각하는 사람들이 있습니다. 어린이들은 진실한 믿음으로 하나님 나라의 일원이 되기에는 너무 어리므로 어린이들을 위해 특별히 노력하거나 시간을 낼 필요는 없다고 생각합니다. 믿음이란 성숙하게 사고하고 분석하는 능력과 관계가 있다고 생각합니다.

그들의 태도는 예수님을 아주 불편하게 만들었지요. 예수님은 제자들의 행동과 그 안에 깔려 있는 생각에 분노하셨습니다. 예수님은 복음서 어디에서도 찾아보기 힘든 강한 어조로 말씀하십니다. 예수님은 제자들이 한 일에 대해 정말로 화가 나신 것 같습니다.

예수님은 "하나님의 나라가 이런 자의 것이니라"(마가복음 10장 14절)고 말씀하십니다. 다른 말로 하면 이 아이들에게도 하나님 나라에 들어갈 권리가 있다는 것입니다. 그것은 맞는 이야기입니다. "이것을 지혜롭고 슬기 있는 자들에게는 숨기시고 어린아이들에게는 나타내신다"(마태복음 11장 25절, 21장 15-16절 참조)라고 하신 예수님 말씀에서도 이것은 다시 확인됩니다.

제자들을 꾸짖은 후 예수님은 더욱 강하게 이야기를 계속하십니다. 어린아이처럼 하늘나라를 받아들이지 않는 한, 아무도 그곳에 들어갈 수 없다는 것입니다. 이것은 무엇을 뜻하는 것일까요?

어린아이는 감사함으로 선물을 받고 웃으면서 기뻐합니다. 그들은 '이것을 어떻게 갚지? 얼마나 되갚아야

하지? 내게 보답으로 뭘 원하는 것일까?' 등등 어른들이 일반적으로 생각할 수 있는 것을 생각하지 않습니다. 아이들은 그저 믿습니다. 아이들은 전제 조건이나 의무 같은 것은 생각하지 않습니다. 아이들은 선물을 기꺼이 받아들입니다. 하늘나라는 하나님의 선물입니다. 그것은 인간의 노력으로 얻어지는 것이 아닙니다. 그저 믿음으로 구원을 받아들여야 합니다.

예수님은 어린아이들을 반기고 그들을 만지면서 축복하셨습니다. 유아 세례 때 목사님이 전통적으로 하는 일과 비슷하다는 점에 주목하십시오. 선생님 반 아이들이 세례를 받았다면 이 유사성을 알려 주면서 목사님이

예수님의 자리에 대신 서서 그들의 머리에 물을 적시고 성부와 성자 성령의 이름으로 축복하는 것이라고 설명할 수 있습니다. 세례는 그들이 또한 하나님 나라에 속해 있다는 표시입니다.

예수님에게 있어서 아이들은 2등 시민이 아닙니다. 사람들이 그런 식으로 아이들을 취급할 때 예수님은 노하셨습니다. 그들은 앞으로가 아니라 현재 하나님 나라에 속해 있는 존재입니다. 아이들은 지금 이 순간 예수님에게 중요한 존재입니다. 하나님은 그들의 단순한 믿음과 찬양을 기뻐하십니다.

유치부에 왔어요

➡ **반가워요** 아이들과 눈을 서로 보며 인사하는 것은 정말 중요합니다. 문 앞에서 편안하고 따뜻하게 맞아 주어 예배 시간 동안 편안한 분위기를 유지함으로써 아이들은 선생님에 대한 신뢰를 쌓아 갈 것입니다.

➡ **마음 열기** 아이들을 선생님 주변에 모여 앉게 하고 간단한 '알아맞히기' 게임을 하면서 오늘의 주제로 이끕니다. "오늘 유치부에 온 예수님을 사랑하는 어린이가 있어요. 머리를 하나로 묶고 한복을 입고 있어요. 누구일까요?" 등 한 아이 한 아이를 설명하면서 알아맞히기를 합니다. 정답을 알아맞히면 "맞아요! 예수님은 ○○를 사랑하세요."라면서 아이 이름을 넣어 말합니다. 이런 식으로 모든 아이들이 한 번씩 알아맞히기에 등장하도록 합니다. 게임이 끝나면 손을 잡고 "예수님은 나를 사랑하세요"를 부릅니다.

예배 드려요

➡ **찬 양** "나 때문에 우리 예수님"

➡ **기 도** 우리를 사랑하시는 하나님, 예수님을 더 많이 알고 싶어요. 이 시간 우리들이 예수님을 만날 수 있도록 도와주세요. 우리 예배를 받아 주세요. 예수님의 이름으로 기도합니다. 아멘.

➡ **성경봉독** 이것은 성경(두 손을 모읍니다.)   활짝 펴요.(책을 펴듯이 펼칩니다.)
마가복음 10장 13-16절 말씀.   사람들이 어린아이들을 예수께 데리고 와 어루만져 주시기를 원했습니다. 그러나 제자들이 그들을 꾸짖었습니다. 예수께서 이것을 보시고 노하시며 제자들에게 말씀하셨습니다. "어린아이들이 내게 오는 것을 허락하고 막지 말라. 하나님 나라는 이런 아이들과 같은 사람의 것이다. 내가 너희에게 진실로 말한다. 누구든지 어린아이와 같이 하나님 나라를 받아들이지 않는 사람은 결코 그곳에 들어가지 못할 것이다." 그리고는 어린아이들을 꼭 껴안아 주시며 손을 얹으시고 축복해 주셨습니다.

➡ **들어가기** (백인, 흑인, 아픈 아이, 키 큰 아이, 키 작은 아이 등의 다양한 그림을 보여 주며) 이 많은 아이들을 무척 사랑하는 분이 계세요. 누구일까요? 궁금하지요? 오늘 성경 말씀 속에 우리 아이들을 무척 사랑하시는 분의 이야기가 나와요.

♤ 성경 이야기

예수님이 어디를 가시든 많은 사람들이 예수님을 따라 다녔어요. 많은 사람들이 예수님께 이야기하고, 그분이 말씀하는 것을 듣고, 예수님의 권능과 사랑을 느끼고 싶어 했지요. 중요한 사람들이 중요한 일들을 이야기하기 위해 예수님께 왔어요. 어른들은 그분 주위에 모여 아주 어려운 질문들을 했지요.

그날도 많은 사람들이 예수님을 보기 위해 모여들었어요. 아기들을 데리고 온 엄마와 아빠들이었지요. (이야기판 오른쪽 끝에 부모와 아기들 그림을 붙인다.) 그리고 큰 아이와 작은 아이들이 있었어요. (아이들 그림을 붙인다.)

엄마와 아빠들에게는 한 가지 소원이 있었어요. 바로 엄마 아빠의 자녀들을 예수님과 만나게 하고 싶었어요. 조금 큰 아이도, 작은 아이도, 그리고 아주 어린 아기도 예수님과 만나게 하고 싶었어요. 예수님이 그 아이들에게 손을 얹고 축복해 주셨으면 하고 생각했어요.

아이들도 정말로 흥분됐어요. 아이들은 예수님이라는 이 유명한 사람에 대해 궁금했거든요. '어떻게 생기셨을까? 우리에게 무슨 말을 하실까? 예수님을 좋아하게 될까? 예수님은 우리 같은 아이들을 좋아하실까?' 예수님께 가까이 갈수록 더욱 궁금해졌어요. (부모와 아이들을 예수님 쪽으로 조금 가까이 옮긴다.)

그러나 예수님이 계시는 곳으로 다가오는 엄마와 아빠, 아이들을 보고 제자들은 소곤소곤 이렇게 말했어요.

"예수님은 너무 바쁘고 중요한 분이어서 저런 아이들이나 아기들과 보낼 시간이 없다고."

"저 사람들에게 아이들을 데리고 집으로 돌아가라고 해야겠어."

그래서 제자들은 엄마와 아빠, 아이들 앞으로 다가가 이들을 막아섰어요. (부모와 아이들 그림, 그리고 예수님 그림 사이에 제자들을 붙인다.)

"여러분, 예수님께서 말씀을 가르치시는 것이 보이지 않나요? 예수님은 많은 사람들을 만나셔서 너무 피곤하세요. 미안하지만 이렇게 어린아이들까지 만나실 시간은 정말 없단 말이에요."

그러나 그 때 예수님은 무슨 일이 일어나는지 지켜보고 계셨어요. 제자들이 엄마와 아빠, 아이들에게 이야기하는 소리도 들으셨지요. 예수님은 "어린아이들을 내게로 오게 하라. 그들을 막지 마라."고 말씀하셨어요. 그리고 예수님은 가슴을 펴서 아이들과 아기들을 안으셨어요. (제자들을 치우고 아이들을 예수님 가까이로 가져간다. 어린아이 그림을 예수님 무릎 위에 놓는다.)

예수님은 아기들을 안아주시고, 아이들을 무릎에 앉히셨어요. 예수님은 어린아이들을 다정하게 안고, 미소지으며, 이야기를 들려주셨지요.

엄마와 아빠들은 그 모습을 지켜보았어요. 예수님이 아이들을 정말 많이 사랑하신다는 것을 알 수 있었지요. 그리고 아기와 아이들 모두 예수님의 사랑을 느낄 수 있었어요. 아이들은 미소 속에서 예수님의 사랑을 볼 수 있었어요. 만지고 안아 주시는 것에서 예수님의 사랑을 느낄 수 있었고요. 예수님이 들려주시는 말씀 가운데 예수님의 사랑을 들을 수 있었어요. 아이들은 예수님을 사랑했고, 예수님도 그들을 사랑한다는 것을 확실히 알게 되었지요.

어린아이를 사랑하시는 예수님에 대해 알게 된 것은 아이들만이 아니었어요. 엄마와 아빠들도 그랬어요. 베드로와 다른 제자들도 그랬답니다. 예수님에게 아이들이 중요하다는 사실을 모두 알게 된 거예요. 예수님은 정말로 여러분 같은 어린아이들을 사랑하신답니다!

우리 반에 모여요

➡ **출석 확인** 어린이들이 자신의 출석표에 표시하도록 시간을 주십시오.

➡ **이야기 나누기** 하나님의 말씀을 다시 한 번 생각하며 이해하도록 돕는 질문들입니다. 이 질문들을 어린이들과 나누면서 어린이들 스스로 말씀을 생각하고 느끼게 합니다.

상상력을 활용해 아이들에게 둘러싸여 있는 예수님의 모습을 마음속에 그려 보자고 합니다. 선생님께서 질문하실 때 눈을 감은 채 마음 속에 예수님의 모습을 생각해 보자고 합니다.

- 상상의 그림 속에서 여러분은 어디에 있나요? 여러분도 예수님 근처에 있나요?
- 상상의 그림에서 아이들은 행복한 표정인가요?
- 예수님 얼굴은 어떻게 보이나요?
- 예수님은 아이들에게 뭐라고 이야기하고 계신가요?
- 여러분이 예수님에게 중요하다는 사실을 아나요?
- 지금 예수님의 사랑을 느낄 수 있나요?

선생님, 잠깐만요!

이야기 나누기에서는 크게 두 가지 종류의 질문을 하게 됩니다. 오늘 배운 성경 이야기를 잘 이해하고 있는지를 묻는 해석 질문과 어린이들의 삶에 성경 이야기를 적용시킬 수 있는 적용 질문입니다. 내용을 잘 이해하도록 돕는 해석 질문의 경우 어린이들이 대답하기 어려워할 때 선생님이 약간씩 도와주는 것이 도움이 되기도 하지만, 적용 질문의 경우에는 어린이들에게 정답을 강요하거나 답을 제시하지 않기를 바랍니다.

➡ **소그룹 활동**

1. '예수 사랑' 카드(카드와 카드 지갑 만들기)

- ■ 활동목표 : 예수님이 언제나 나를 사랑하심을 압니다.
- ■ 준 비 물 : 교회학교용 교재 23쪽, 풀, 필기도구
- ■ 활동방법 : 1) 카드 앞면과 지갑에 자신의 이름을 쓰고 꾸밉니다.

    2) 카드의 상황 그림을 보며 이야기를 나눕니다.

    3) 카드 뒷면의 조각 그림을 퍼즐로 맞춥니다. 어떤 상황에서든지 나를

사랑하시는 예수님이 함께하신다는 것을 기억합니다.

Tip 카드 지갑은 코팅을 하여 견고하게 하거나 끈을 달아 들고 다닐 수 있게 할 수 있습니다.

예수님은 너를 정말 사랑해!

실수를 해도,

욕심을 부려도,

짜증을 내도,

친구와 놀이할 때도,

아기일 때도,

초등학생이 되어도,

예수님은 너를 언제나 사랑하셔!

예수님은 아이들을 사랑하시고 축복하시는 우리의 친구!

 예수님이 나를 사랑하세요!

2. 예수님과 우리들(전선 또는 모루로 사람 만들기)

- 활동목표 : 예수님과 함께하는 마음을 느껴봅니다.
- 준 비 물 : 예수님 그림, 모루(또는 전선), 가위
- 활동방법 : 1) 예수님의 그림을 각 반마다 한 장씩 준비합니다.
  2) 어린이들은 모루(전선)를 구부리거나 뭉쳐서 원하는 대로 사람 모양을 만듭니다.
  3) 모루로 만든 사람을 가지고 예수님과 함께 놀게 합니다.

▶ 간식   어린이들의 영양을 고려한 간식을 준비합니다.

다함께 모여요

➡️ **대그룹 활동**

1. '예수님을 만나요' 게임

- ■ 활동목표 : 어린이를 맞아주시는 예수님의 사랑을 느낍니다.
- ■ 준 비 물 : 같은 팀을 표시하는 완장이나 스티커 여러 개
- ■ 활동방법 : 1) 팀을 둘로 나누고 대표를 뽑습니다(어린이 팀, 제자 팀).

    2) 어린이 팀과 제자 팀은 섞어서 손을 잡고 큰 원을 만듭니다.

    3) 어린이 대표는 원 밖에서 찬양에 맞추어 빙빙 돌다가 원 안으로 들어오려고
       시도합니다. 이 때 제자 팀 대표는 어린이 대표가 못 들어가도록
       잡습니다(어린이 팀은 자기 팀 대표가 쉽게 들어올 수 있도록 손을 높이
       듭니다. 반대로 제자 팀은 어린이 대표가 못 들어오도록 막습니다).

    4) 원 안의 예수님은 들어오는 어린이를 안아 줍니다.

➡️ **마음에 새겨요** 회상하기 질문을 통해 오늘 배운 성경 말씀을 삶 속에서 적용할 수 있도록 합니다.

- 예수님은 모든 어린이를 사랑하시나요?
- 나를 사랑하는 예수님께 무엇이라 이야기 하고 싶나요?

➡️ **기 도** 어린아이들을 반갑게 맞아주시는 예수님을 알게 해 주셔서 감사해요. 많은 어린이들이 예수님의 사랑을 알게 해 주세요. 예수님의 이름으로 기도합니다. 아멘.

➡️ **광 고** 가정용 교재로 오늘 배운 성경 이야기를 집에서 복습하도록 광고해 주십시오.

➡️ **마침인사** 샬롬 노래를 부르며 집으로 돌아갑니다.

2 성전에 있던 사람들이 예수님에 대해 알게 되었어요

성 경	누가복음 2:46-52
암 송	어린아이들이 내게 오는 것을 용납하고 금하지 말라 하나님의 나라가 이런 자의 것이니라 (마가복음 10 : 14)
포인트	성전에 있던 사람들은 예수님이 하나님의 아들이라는 것을 알게 되었어요.

◎ 이 과의 목표

믿음의 성숙 (교사와 어린이)

• 예수님도 어린 시절이 있었음을 배우면서 예수님에 대해 친근하게 느낍니다.

• 어린 시절이 있었던 예수님에 대해 친근감을 느끼면서 동시에 하나님의 아들인 예수님에 대해 경외감을 느낍니다.

• 하나님의 아들이신 예수님을 경배합니다.

성경에 대한 이해 (어린이)

• 오늘 배운 성경 이야기를 다시 이야기할 수 있습니다.

• 예수님이 하는 말을 듣고 성전에 있던 사람들이 놀라워했던 이유를 말해 봅니다.

• 어린 시절의 예수님은 어떤 아이였을지 상상해 봅니다.

• 하나님의 아들이신 예수님은 어떤 점에서 특별했을지 이야기해 봅니다.

믿음의 본보기 (교사)

하나님의 아들이신 예수님에 대해 선생님이 느끼는 놀라움을 표현하세요.

◎ 한눈에 보는 오늘의 예배

순 서	소요시간	활동계획
유치부에 왔어요	예배 전	반가워요 · 마음 열기
예배드려요	35-40분	찬양 · 기도 성경 봉독 · 성경 이야기
우리 반에 모여요	15-20분	출석 확인 · 이야기나누기 소그룹 놀이 활동(예수님은 어떤 소년 이었을까요?)
다함께 모여요	10분	대그룹 놀이 활동(복음을 전해요 외 1 중 택일) 마음에 새겨요 · 광고 · 마침 인사

* 위의 순서는 각 교회학교의 사정에 따라 다르게 진행될 수 있습니다.

▣ 이 과를 준비하는 선생님들께

오늘 배울 내용은 예수님이 유월절을 지내기 위해 가족들과 함께 예루살렘에 들어갔을 때의 일로서, 예수님의 어린 시절과 서른 살이 되어 시작된 공생애 사이의 행적 중 복음서에 유일하게 기록된 사건입니다.

이 이야기에서 우리는 예수님에 대해 중요한 점을 여러 가지 발견하게 됩니다. 이 중 몇 가지만 열거해 보고자 하는데, 누가복음의 이 구절을 자세히 읽으면 여러분도 발견할 수 있을 것입니다.

먼저 예수님은 여러 가지 면에서 평범한 아이였던 것 같습니다. 이 이야기에 따르면 예수님은 사흘 동안 사라지는 등 부모를 걱정시키기도 했습니다. 그러나 대체로 예수님은 온순한 아이로 부모님 말씀을 잘 듣고 공경했으며, 부모님을 기쁘게 하기 위해 애썼던 것 같습니다.

그 다음 예수님은 또래보다 똑똑했던 것 같습니다. 유대의 교육은 사물의 핵심을 찌르는 질문을 잘 하는 것을 중요하게 여겼습니다. 예수님도 분명 매우 똑똑하게 질문을 했던 것 같습니다. 가장 학식이 높다고 여기는 선생들이나 서기관들과 이야기를 나누고 있었던 장면에서 이것을 알 수 있습니다.

세 번째로, 예수님은 자신과 하나님과의 특별한 관계를 알고 있었습니다. 아마도 어머니와 아버지가 그의 출생과 관련된 일들을 이야기해 주었을 것입니다. 그러나 성전을 "내 아버지 집"이라고 표현한 것은 그 정도의 앎이 아니라 하나님을 하늘에 계신 자신의 아버지로 특별히 인식하고 있었다는 사실을 반영합니다.

이 이야기는 예수님이 부모와 함께 유월절을 지내기 위해 예루살렘으로 순례를 떠나는 것에서 시작됩니다. 12살이면 '율법의 아들'로 받아들여질 때입니다. 그 정도 나이면 토라를 이해할 수 있고 하나님의 율법을 지킬 책임이 있다고 인정받는 나이이지요.

그 당시 나사렛과 같은 동네에 살던 사람들은 친척끼리 함께 여행을 떠나 예루살렘까지 오가는 것이 관례였습니다. 예루살렘을 출발한 후 하룻길을 거의 다 가서야 예수님이 사라졌다는 것을 안 것은 그 부모가 자식에게 소홀했기 때문이 아닙니다. 워낙 움직이는 사람이 많다 보니 일행 중에 섞여 있는 줄 알았을 테니까요.

아들을 찾지 못했을 때 부모의 심정이 어땠을지 상상해 보십시오. 예루살렘 같이 큰 도시에서 유괴되었거나 아니면 다른 무슨 일이 생겼을지 알 수 없었으니까요. 그들은 아이를 찾기 위해 서둘러 예루살렘으로 돌아갑니다. 결국 아이를 찾아냈을 때 안도감과 함께 놀랍기도 하고 화도 났을 부모의 마음을 이해할 수 있습니다.

축제 때에는 랍비들이 성전에서 특별 강연을 합니다. 선생들은 의자에 앉고 배우는 사람은 꿇어앉아서 배우는 방식이었습니다. 예수님은 이렇게 배우는 무리에 섞여 있었는데, 무리는 그의 질문이나 대답에 모두 놀랐습니다.

드디어 아들을 찾은 어머니의 물음에 대한 예수님의 대답은 순진하고 천연덕스럽게 들립니다. 예수님은 정말 자신이 랍비와 이야기하기 위해 성전에 머문다는 것을 부모가 알 것이라고 생각했을까요? 아마 그렇지 않을 것입니다. 우리는 예수님의 대답에 부드러운 질책이 담겨 있다는 것을 이해해야 합니다. 예수님은 자신이

이 이야기에서 우리는 예수님에 대해 중요한 점을 여러 가지 발견하게 됩니다. 예수님은 여러 가지 면에서 평범한 아이였던 것 같습니다. 또한 또래보다 똑똑했던 것 같습니다. 예수님은 자신과 하나님과의 특별한 관계를 알고 있었습니다. 예수님은 하나님이 하늘에 계신 자신의 아버지라는 것을 알고 있었습니다. 자신은 하나님의 아들이며, 하나님의 이름으로 사역을 해야 한다는 것을 알고 있었습니다. 예수님은 이 위대한 일을 위해 준비하고 계셨던 것입니다.

그저 평범한 어린아이가 아니라 하늘에 계신 아버지를 위해 어떤 일을 해야 할 하나님의 아들이라는 사실을 부모님께 일깨우고 있는 것입니다. 성경에 따르면 그들은 예수님이 하는 이야기를 이해하지 못했습니다. 그러나 마리아는 그 후 그가 한 말을 기억하고 있었습니다.

어린아이 시절 예수님의 이야기를 통해 어린이들은 예수님이 부모님께 순종하려 노력하지만, 문제를 일으키기도 하는 그 또래 전형적인 남자아이의 모습이었다는 것을 이해하게 됩니다. 그러나 예수님이 그저 평범한 아이이기만 한 것이 아니었다는 것을 또한 어린이들은 알아야 합니다. 예수님은 하나님과 특별한 관계에 있었습니다. 그는 하나님이 하늘에 계신 자신의 아버지라는 것을 알고 있었습니다. 자신은 하나님의 아들이며, 하나님의 이름으로 사역을 해야 한다는 것을 알고 있었습니다. 예수님은 이 위대한 일을 위해 준비하고 계셨던 것입니다.

오늘 배울 이 말씀을 통해 어린이들이 이러한 예수님을 이해하면 할수록 예수님을 더욱 사랑하고 신뢰하게 될 것입니다.

유치부에 왔어요

➡ **반가워요** 새 학기에는 지속적이고 세심한 관찰을 통해 아이의 특성을 발견해 보도록 합니다.
어린이들이 유치부에 오면 먼저 반갑게 맞아 준 다음 교회는 어떤 곳인지에 대해 아이들이 생각해 볼 수 있도록 질문해 보십시오. "교회는 무엇 하러 오는 곳인지 아니?"라고 물어 보고 어린이들이 대답하면 "그래, 교회는 하나님께 예배드리러 오는 곳이야. 그리고 하나님에 대해 배우러 오는 곳이야."라고 설명해 줍니다.

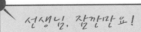

선생님, 잠깐만요!

선생님이 친근감을 표현하기 위해 어린이를 꼭 껴안아 줄 때 편안해 하는 아이도 있지만 어린이에 따라 다를 수 있음을 기억하고 주의하기 바랍니다.

➡ **마음 열기** 아이들이 오는 대로 담임 선생님 주변에 모여 앉게 하고 한 주간의 생활을 이야기합니다. 오늘 주제인 예수님의 어린 시절에 대해 어린이들이 상상할 수 있는 질문을 합니다. 예를 들면 "예수님은 친구들과 어떤 놀이를 하고 놀았을까요?", "예수님이 어린 소년이었을 때는 어떤 모습이었을까요?", "키는 얼마나 컸을까요?" "단짝 친구는 몇 명이나 있었을까요?" 등.

예배 드려요

➡ **찬　　양**　　"나 때문에 우리 예수님"
　　　　　　　　　"예수님 만나고 싶어요"

➡ **기　　도**　　우리를 사랑하시는 하나님, 예수님을 더 많이 알고 싶어요. 이 시간 우리들이 예수님을 만날 수 있도록 도와주세요. 우리 예배를 받아 주세요. 예수님의 이름으로 기도합니다. 아멘.

➡ **성경봉독**　　이것은 성경(두 손을 모읍니다.)　　　　　　　활짝 펴요.(책을 펴듯이 펼칩니다.)
　　　　　　　　　누가복음 2장 46-52절 말씀.　　3일이 지나서야 그들은 성전 뜰에서 예수를 찾게 됐습니다. 그는 선생들 가운데 앉아서 이야기를 듣기도 하고 묻기도 하고 있었습니다. 예수의 말을 들은 사람들마다 그가 깨닫고 대답하는 것에 몹시 감탄했습니다. 그 부모는 예수를 보고 놀랐습니다. 그래서 그의 어머니가 말했습니다. "얘야, 왜 우리에게 이렇게 했느냐? 네 아버지와 내가 얼마나 걱정하며 찾았는지 모른다." 그러자 예수가 말했습니다. "왜 나를 찾으셨습니까? 내가 마땅히 내 아버지의 집에 있어야 하는 줄 모르셨습니까?" 그러나 그들은 예수가 하는 말을 깨닫지 못했습니다. 그리고 나서 예수는 부모와 함께 내려가 나사렛으로 돌아가서 부모님께 순종하며 지냈습니다. 예수의 어머니는 이 모든 일을 마음에 간직했습니다. 그리고 예수는 지혜와 키가 점점 더 자라 가며 하나님과 사람들로부터 사랑을 받았습니다.

➡ **마음열기**　　다음 동작을 따라하며 말씀 듣는 준비를 합니다.

　　1) 말씀을　　　　　2) 보자　　　　3) 말씀을　　　4) 듣자
(손을 모은 후 책을 펴듯이)　(좌우로 흔든다)

　　5) 우리는　　　우리는　　　6) 하나님의　　　자녀

☼ 성경 이야기

해마다 유월절이 되면, 이스라엘 사람들은 지금 자기가 살고 있는 곳을 떠나 예루살렘으로 갔어요.

올해는 예수님이 마리아와 요셉을 따라 유월절을 지내기 위해 예루살렘에 가는 첫 번째 해입니다. '예루살렘 성전은 어떻게 생겼을까? 어떤 말씀을 듣게 될까?' 예수님은 앞으로 경험할 새로운 것에 대한 기대로 가득 차 있었어요.

사람들은 하루 종일 걷다가 밤이 되면 들에서 천막을 치고 잠을 잤어요. (많은 사람들이 예루살렘을 향해 가는 모습)

드디어 예루살렘 성전에 도착했어요. 매일 성전에서 말씀을 듣고, 특별한 음식을 먹으면서 오래 전에 애굽에서 종으로 살아야 했던 조상들을 구원해 주신 하나님께 감사하는 마음으로 예배를 드렸어요. 정말 행복하고 즐거운 일이었지요. (많은 사람들이 성전에서 기쁨으로 예배드리는 모습)

유월절이 끝나면 사람들은 다시 고향으로 돌아가요. 고향으로 가는 길은 매우 멀었기 때문에 밤이 되면 야영을 해야 했어요. 야영 준비를 하기 위해 서두르던 마리아는 예수님을 불렀어요. 그런데 조금 전까지만 해도 친구들과 같이 다니던 예수님이 보이지 않는 거예요. 마리아는 놀라서 큰 소리로 외쳤어요.

"요셉! 예수가 보이지 않아요!"

"뭐라고? 친구들과 같이 다니는 걸 보았는데? 빨리 찾아봅시다."

그러나 사람들은 하루 종일 예수님을 보지 못했다고 했어요. 마리아와 요셉은 예수님을 찾기 위해 다시 예루살렘으로 돌아가기 시작했어요. 가는 도중에도 예수님이 어디 있는지 곳곳을 찾아 헤맸어요. (마리아와 요셉이 예수님을 찾아 헤매는 모습)

예수님을 찾아 예루살렘으로 올라가기 시작한 지 사흘이 되던 날이었어요. 마리아와 요셉은 성전에서 율법학자들 사이에 앉아 듣기도 하고 묻기도 하는 예수님을 발견했어요. (성전에서 율법학자들과 이야기 나누는 모습)

예수님의 이야기를 들은 사람들은 예수님의 슬기와 대답에 놀라워했어요.

마리아와 요셉은 안심도 되었지만 한편으로는 기가 막히기도 해서 물었어요.

"아들아! 네 아버지와 내가 얼마나 걱정하며 너를 찾았는지 아니?"

그러자 예수님이 대답했어요.

"제가 여기 있는 줄 모르셨어요? 전 아버지 집에 있었는걸요. 여기서 아버지가 저에게 원하시는 것이 무엇인지 배우고 있었어요."

예수님은 부모님과 함께 다시 나사렛으로 돌아갔습니다.

예수님은 자기가 하나님의 아들이라는 것을 알고 있었어요.

예수님은 지혜와 키가 더욱 자랐고 하나님과 사람들로부터 사랑을 받았습니다.

우리 반에 모여요

➡️ **출석 확인**   어린이들이 자신의 출석표에 표시하도록 시간을 주십시오.

➡️ **이야기 나누기**   하나님의 말씀을 다시 한 번 생각하며 이해하도록 돕는 질문들입니다. 이 질문들을 어린이들과 나누면서 어린이들 스스로 말씀을 생각하고 느끼게 합니다.

■ 준 비 물 : 가정용 교재 14~16쪽

가정용 교재의 그림을 보면서 질문을 나누세요.

• 예수님이 여러분처럼 친구들과 놀기 좋아하는 아이였다는 것은 어떤 그림을 보면 알 수 있나요?
• 예수님이 아버지인 하나님에 관해 사람들과 이야기하는 것을 좋아했다는 것은 어떤 그림으로 알 수 있나요?
• 성전에 있던 선생들은 예수님에 대해 어떻게 생각했을까요?
• 예수님이 하나님의 아들이라는 것을 사람들은 알았을까요?
• 여러분은 예수님이 하나님의 아들이라는 것을 알고 있나요?

> **선생님, 잠깐만요!**
>
> 선생님 반 어린이들이 그림과 내용의 연결을 어려워한다면 그림 내용을 조금씩 설명하면서 알맞은 그림을 찾게 합니다.

➡️ **소그룹 활동**

1. 예수님은 어떤 소년이었을까요?(상상 그림 그리기, 인터뷰하기)

■ 활동목표 : 예수님은 하나님의 아들임을 압니다.
■ 준 비 물 : 교회학교용 교재 4쪽, 색연필, 크레파스
■ 활동방법 : 1) 12살의 예수님을 상상하며 4쪽 예수님 그림을
완성합니다.
예수님을 상상하며 그릴 수 있도록 다양하게 질문해
보세요.
• 머리 색깔은?
• 눈 색깔은?
• 눈이 작았을까?
• 코는 어떻게 생겼을까?

Tip 여러 가지 재료를 이용하여 예수님을 꾸며도 좋습니다. 털실로 머리카락을 붙이거나 헝겊으로 모자를 만들어 붙여 보세요.

2) 12살의 예수님을 만난다면 무슨 말을 할지 생각해 보고 27쪽 메모지에
   적은 뒤 4쪽 기자의 손에 끼웁니다.
   - 어떤 음식을 좋아하세요?
   - 심심할 때 뭐하고 노세요?
   - 제일 친한 친구는 누구예요?
   - 실수도 하셨어요?
   - 장래 희망이 무엇인가요?
3) 예수님은 우리와 같은 어린 시절이 있었고, 하나님의 아들이셨다는 사실을
   깨닫도록 도와주세요.

Tip 예수님을 인터뷰할 때 마이크를 준비하면 재미있어요. 아이들이 그린 예수님의 그림을
보면서 인터뷰할 질문을 생각해 보도록 도와주세요. 또한 아이들에게 예수님이라면 어떤
대답을 할지 생각해 보는 시간도 주세요.

 예수님은 하나님의 아들이에요!

2. 동시 따라하기

- 활동목표 : 하나님과 교회를 사랑하는 마음을 심어 줍니다.
- 활동방법 : 1) 동시판에 '교회', '하나님'을 빈 칸으로 만들어 제시합니다.
          2) 빈 칸에 어떤 단어가 들어갈지 이야기 나눕니다.
          3) 어린이들에게 '교회'가 어떤 곳인지 말하고, 동시 전문을 들려 줍니다.
          4) 동시를 어린이들과 교사가 번갈아 읊어 봅니다.

          나는 나는 / 우리 교회 / 제일 좋아요
          사랑하는 / 하나님 / 교회에 계셔서
          나는 나는 / 우리 교회 / 제일 좋아요

➡ 간식   어린이들의 영양을 고려한 간식을 준비합니다.

 다함께 모여요

➡ 대그룹 활동

1. 손유희

- 활동방법 : "엄지 어디 있니? 나 여기 있어"의 곡조에 맞추어 진행합니다.

예수님 어디 있나?
예수님 어디 있나?

(손을 눈가에 갖다 대고
사방을 둘러본다)

어디 있을까?
어디 있을까?

(고개를 갸우뚱하며
손가락을 머리에 댄다)

성전에 있어요.
성전에 있어요.

(손으로 집모양을 만든다)

하나님의 집에
하나님의 집에

(오른손부터 위로 올린다)

예수님은 누구실까?
예수님은 누구실까?

(손을 모은 후
어깨를 으쓱한다)

하나님의 아들
하나님의 아들

(오른 손을 올린 후
엄지손가락을 펴서 가슴으로)

예수님은 구세주
예수님은 구세주

(십자가를 만든 후
반원을 그린다)

나를 사랑해
나를 사랑해

(두손을 가슴에 대고
흔든다)

➡ **마음에 새겨요**   회상하기 질문을 통해 어린이들은 오늘 배운 성경 말씀을 삶 속에서 적용할 수 있도록 도움 받을 수 있답니다.

선생님을 따라 외치며 기도해요

- 하나님, 어린 예수님처럼 키가 자라게 해 주세요.
- 하나님, 어린 예수님처럼 지혜가 자라게 해 주세요.
- 하나님과 사람들에게 더욱 사랑받게 해 주세요.

➡ **기　도**   하나님의 아들이신 예수님이 우리처럼 어린 아이였을 때가 있었다는 것을 알게 해 주셔서 감사해요. 예수님처럼 지혜와 키가 자라게 해주세요. 예수님의 이름으로 기도합니다. 아멘.

➡ **광　고**   가정용 교재로 오늘 배운 성경 이야기를 집에서 복습하도록 광고해 주십시오.

➡ **마침인사**   샬롬 노래를 부르며 집으로 돌아갑니다.

샬롬 샬롬 선생님 샬롬 샬롬 친구들
다음 주에 다시 만나 예배드리자
샬롬 샬롬 샬-롬

3 베드로는 예수님에 대해 알게 되었어요(1)

성 경	누가복음 5: 1-11
암 송	하나님이 세상을 이처럼 사랑하사 독생자를 주셨으니 이는 그를 믿는 자마다 멸망하지 않고 영생을 얻게 하려 하심이라(요한복음 3:16)
포인트	베드로는 예수님을 믿고 따랐습니다. 예수님은 우리도 그분을 따르기를 원하십니다.

▣ 이 과의 목표

믿음의 성숙 (교사와 어린이)

- 예수님에 대해 더 많이 알게 되기를 원합니다.
- 우리가 할 수 있는 일 중 가장 중요한 것은 예수님을 따르는 것임을 깨닫습니다.
- 나도 베드로처럼 예수님을 믿고 따르는 제자가 되기로 결단합니다.

성경에 대한 이해 (어린이)

- 물고기로 가득 찬 그물을 보았을 때 베드로가 어떻게 느꼈을지 상상해 봅니다.
- 베드로가 어떤 결심을 했는지 말해 봅니다.
- 예수님은 우리에게 무엇을 원하시는지 이야기해 봅니다.

믿음의 본보기 (교사)

예수님을 믿고 따르는 선생님의 열심을 보여 주세요.

▣ 한눈에 보는 오늘의 예배

순 서	소요시간	활동계획
유치부에 왔어요	예배 전	반가워요 · 마음 열기
예배드려요	35-40분	찬양 · 기도 성경 봉독 · 성경 이야기
우리 반에 모여요	15-20분	출석 확인 · 이야기나누기 소그룹 놀이 활동(예수님과 함께 물고기를 잡아요 외 1 중 택일)
다함께 모여요	10분	대그룹 놀이 활동(사람낚는 어부가 될래요 외 1 중 택일) 마음에 새겨요 · 광고 · 마침 인사

＊ 위의 순서는 각 교회학교의 사정에 따라 다르게 진행될 수 있습니다.

▣ 이 과를 준비하는 선생님들께

앞으로 두 주 동안 아이들은 예수님과 베드로의 관계에 대해 배울 것입니다.

오늘 성경 본문을 마음속으로 그려 보십시오. 예수님은 갈릴리 호숫가에서 가르치고 계셨습니다. 많은 사람들이 예수님의 말씀을 듣고 있었는데, 조금이라도 더 잘 듣기 위해 가까이 몰려들었습니다. 예수님은 베드로의 배에 오르셔서 배를 호숫가에서 조금 떨어지게 하라고 청하셨습니다. 그리고 예수님은 배에 앉아서 말씀하시고, 사람들은 호숫가에 서거나 앉아서 편안히 들을 수 있었습니다. 그것은 합리적이고 사려 깊은 행동이었습니다.

예수님이 말씀하는 동안 베드로는 배에 앉아서 듣고 있었습니다. 이 이야기에서 우리가 처음 알 수 있는 사실은 베드로가 예수님의 말씀을 들었다는 것입니다. 예수님은 생명과 구원, 지혜에 관해 말씀하셨습니다.

어린이가 자신을 예수님을 따르는 제자로 인정하도록 격려하시기 원합니다. 어린이가 자라가며 예수님에 대해 더 많이 알아 가고 그분을 더 깊이 신뢰할수록 '예수님을 따르는 사람'이라는 이 정체성은 더 깊은 의미를 갖게 되고 어린이로 하여금 더욱 헌신된 삶을 살게 만들 것입니다. 어린이가 자신을 예수님의 제자로 인정하기를 시작하기에 지금은 결코 어린 나이가 아닙니다.

말씀을 끝내신 예수님은 정말 예상치 않았던 말씀을 하십니다. 베드로에게 깊은 물로 가서 그물을 내리라고 하신 것입니다. 직업이 어부인 베드로와 그의 동료들은 밤새 고기를 잡았지만 얻은 것이 없었습니다. 그런데 어부가 아니라 랍비인 예수님이 그들에게 어디에서 언제 고기를 잡으라고 명합니다. 정말 말도 안 되는 소리 아닙니까! 베드로가 예수님께 대답하는 말은 예수님의 말씀을 그가 어떻게 느꼈는지 보여 줍니다. 그러나 예수님을 존중했던 베드로와 그의 동료들은 다시 그물을 내립니다. 그 후 놀라운 일이 벌어졌습니다. 배가 가라앉을 정도로 잔뜩 고기를 잡은 것입니다. 예수님이 인간의 능력을 뛰어넘는 기적을 일으키는 분이라는 것을 베드로는 알게 되었습니다.

이 때 베드로가 어떤 행동을 했는지 눈여겨보십시오. 그는 예수님을 경외하면서 동시에 자신의 무가치함을 깨닫습니다. 그는 "주여, 나를 떠나소서. 나는 죄인이로소이다."라고 첫마디를 내뱉습니다. 주의 광채에 비춰볼 때 자신이 얼마나 죄 많은 인간인지 느끼게 된 것이지요. 그래서 예수님께 떠나 달라고 한 것입니다. 그러나 예수님은 떠나지 않았습니다.

예수님은 더욱 의외의 말씀을 했습니다. 베드로에게 자신을 따르라고 하신 것입니다. 랍비로서 예수님은 베드로를 함께 먹고 함께 걸으며, 함께 대화할 제자로 택하셨습니다. 예수님은 "나를 따르라. 너로 하여금 물고기가 아니라 사람을 낚는 어부가 되게 하리라."고 말씀하십니다.

베드로는 이제 예수님을 이해하고 따르게 됩니다. 그리고 그것이 이번 과에서 배워야 할 핵심이자 선생님의 아이들이 배워야 할 가장 중요한 내용입니다.

예수님을 따르는 데는 어떤 조건들이 필요합니까? 이 이야기를 통해 적어도 세 가지 정도는 알 수 있습니다. 첫째, 제자는 예수님과 행동을 같이하는 사람들입니다. 제자들은 곧 예수님의 사람으로 세상에 알려졌습니다. 바리새인이나 서기관들의 예수님에 대한 미움은 예수님의 제자로까지 확대됩니다. 우리가 예수님을 따르는 사람이 되려면 우리 자신을 예수님의 친구이자 제자, 학생으로 여겨야 합니다. 예수님에 대한 충성을 공공연히 인정해야 합니다.

두 번째로, 예수님을 따르는 사람은 예수님과 같이 되려고 노력하는 사람입니다. 아이들은 태도나 행동, 감정 등 여러 면에서 부모를 닮습니다. 똑같은 편견을 가지고 있고, 비슷한 방식으로 반응합니다. 누군가를 추종하는 사람은 그 지도자와 이처럼 비슷해집니다. 예수님은 친절하고 관대하시기에 우리도 그래야 합니다. 예수님은 강직하고 예리하신 분이므로 우리도 그렇게 되어야 합니다. 예수님은 여러 가지 면에서 우리의 본보기가 되는데, 하나님과 인간에 대한 사랑에서 특히 더 그렇습니다.

셋째로, 예수님을 따르는 사람은 이 세상에서 예수님과 함께 일을 해야 합니다. 예수님은 베드로에게 "네가 이제 나와 함께 사람을 낚아 하나님의 나라에 데려가는 일을 할 것이라."고 말씀하십니다. 우리 또한 예수님이 시작하신 이 일을 계속해야 합니다.

정확히 무슨 일을 예수님의 이름으로 할 수 있는지 어린아이들에게 알려 주는 것은 어려울 것입니다. 교회와 세상에서 그들이 지금 무슨 일을 할 수 있을까요?

그것은 아주 미약하게 보일 것입니다. 그러나 예수님의 가장 중심 된 사역이 하나님과 이웃을 사랑하는 것이었다는 것을 기억하십시오. 이것은 어린이들이 이미 할 수 있는 일입니다.

어린이가 자신을 예수님을 따르는 제자로 인정하도록 격려하시기 원합니다. 어린이가 자라가며 예수님에 대해 더 많이 알아 가고 그분을 더 깊이 신뢰할수록 '예수님을 따르는 사람' 이라는 이 정체성은 더 깊은 의미를 갖게 되고 어린이로 하여금 더욱 헌신된 삶을 살게 만들 것입니다. 어린이가 자신을 예수님의 제자로 인정하기를 시작하기에 지금은 결코 어린 나이가 아닙니다.

 유치부에 왔어요

▶ **반가워요** 어린이들이 유치부에 오면 반갑게 맞으며 "추운데 씩씩하게 예배드리러 왔구나." 하고 격려해 주고, 밝게 웃으며 신발 넣을 곳을 친절하게 알려 줍니다.

▶ **마음 열기** "나처럼 해 봐요 이렇게" 노래를 부르며 교사의 몸동작을 따라서 해 봅니다. 예수님이 베드로를 불렀을 때 베드로는 예수님의 말씀에 순종하여 따라갔음을 이야기해 줍니다('가라사대' 게임을 해도 좋습니다).

예배 드려요

➡ 찬 양　　"우리 예수님"
　　　　　　　　"예수님, 만나고 싶어요"

➡ 기 도　　사랑의 하나님, 베드로를 부르신 예수님을 더 많이 알고 싶어요. 이 시간 우리들이 예수님을 만날 수 있도록 도와주세요. 우리 예배를 받아 주세요. 예수님의 이름으로 기도합니다. 아멘.

➡ 성경봉독　　이것은 성경(두 손을 모읍니다.)　　　　　　　활짝 펴요.(책을 펴듯이 펼칩니다.)
누가복음 5장 8-11절 말씀.　 시몬 베드로가 이 광경을 보고 예수의 무릎 앞에 엎드려 말했습니다. "주여, 제게서 떠나십시오. 저는 죄인입니다!" 베드로와 그 모든 동료는 자기들이 잡은 고기를 보고 놀랐던 것입니다. 세베대의 아들들이며 시몬의 동료인 야고보와 요한도 놀랐습니다. 그때 예수께서 시몬에게 말씀하셨습니다. "두려워하지 마라. 이제부터 너는 사람을 낚을 것이다." 그리하여 그들은 자신들의 배를 물에 대고 모든 것을 버려둔 채 예수를 따라갔습니다.

➡ 들어가기　　낚시 도구나 그물, 어부들이 쓰는 모자 등 구할 수 있는 소품들을 준비해 와서 아이들에게 보여 준 후 이 물건들을 어떤 용도로 사용하는지 알아맞혀 보라고 합니다. 오늘의 성경 이야기는 베드로라 불리는 어부에 관한 이야기라고 말하고 베드로 역을 맡은 사람을 소개합니다. 베드로 그림을 보여 주며 목소리를 바꾸어 이야기해 주어도 좋겠지요.

　　　　　　하나님 / 말씀을 / 보자
　　　　　　하나님 / 말씀을 / 읽자
　　　　　　우리는 / 우리는 / 하나님의 자녀

☼ 성경 이야기

여러분, 안녕하세요? 나는 베드로예요. 나는 고기 잡는 어부이지요. (어린이들에게 그물을 보여 준다.)

이것이 뭘까요? 고기 잡는 그물이에요. 저와 어부 친구들은 이 그물로 물고기를 잡지요. 저녁이 되면 우리는 호수로 배를 저어 가서 깊고 어두운 물 속으로 그물을 내리지요. 그리고 기다리고 지켜봅니다. 또 지켜보고 기다리지요. 뭘 기다리는 것인지 혹시 아는 친구 있나요? (어린이들에게 대답할 시간을 준다.)

맞아요, 물고기예요! 물고기가 우리 그물 속으로 헤엄쳐 들어오면 우리는 영차, 영차! 그물을 배 위로 끌어 올려요. 그렇게 해서 배에 고기가 가득 차면 집으로 돌아가는 거예요.

우리 일은 캄캄한 밤중이 되어야 끝나지요. 어떤 날은 밤새도록 기다려도 몇 마리 잡지 못할 때가 있어요. 그런데 어젯밤에는 글쎄, 한 마리도 못 잡은 거예요, 한 마리도! 한번 생각해 보세요, 얼마나 속상하고 실망했는지……. 해가 떠올랐을 때 우리는 오늘 팔 생선을 하나도 잡지 못한 채 빈 배를 저어 호숫가로 갔어요. 그리고는 뚫린 그물을 고치기 시작했지요.

그러다 고개를 들어보니 수많은 사람들이 모여 있는 거예요. 어떤 사람의 이야기를 듣고 있더라고요. 그 사람이 누구였는지 아세요?, 바로 예수님이었어요! 저는 이 위대한 선생님에 대해 소문만 들었지 한 번도 가까이서 보거나 말씀을 들은 적이 없었어요. 그래서 그물을 고치다 말고 기웃기웃하고 있었는데 갑자기 예수님이 다가오시더니 "베드로야, 내가 네 배에 올라가도 되겠느냐?" 하고 물으시는 거예요. 어휴, 얼마나 놀랐던지!

저는 너무 놀라서 저도 모르게 "예, 올라오세요."라고 대답했어요. 예수님은 제 배에 올라와 앉으시더니 배를 호숫가로 조금 밀어 놓으라고 하셨어요. 이제 모든 사람들이 호숫가에 앉아 예수님을 보면서 말씀을 들을 수 있게 되었지요. 저도 말씀을 들으면서 '이 분이 누구이기에 하나님에 관해 이렇게 많은 것을 가르칠 수 있을까?' 라고 궁금해 했어요.

예수님이 가르침을 마치고 사람들도 집으로 돌아갔어요. 그런데 예수님은 가시지 않고 저와 어부 친구들에게 정말 이상한 일을 시키셨어요. 다시 호수로 배를 저어 가서 그물을 내리라고 하시는 거예요.

나 참, 예수님이 훌륭한 선생님이긴 하지만 고기잡이에 관해 뭘 아시겠어요? 하지만 저는 왠지 순종해야 할 것 같아서 이렇게 말씀드렸지요. "예수님, 우리는 밤새 열심히 고기를 잡았지만 한 마리도 잡지 못했습니다. 지금도 고기를 잡을 수 있으리라고는 생각하지 않아요. 그러나 예수님이 그렇게 말씀하시니까 순종하겠습니다."

그래서 우리는 그물을 배에 올리고 깊은 곳을 향해 배를 저어 갔어요. 그리고 다시 한 번 그물을 내렸지요. 그런데 이게 웬일이죠? 이번엔 그물에 고기가 가득 차서 그물이 찢어질 지경이었어요. 다른 배에 있는 친구들까지 불러서 도와 달라고 했다니까요. 그래서 배 두 척에다가 고기를 가득 채우고 호숫가로 돌아왔지요. (만약 두꺼운 종이를 붙여 만든 물고기 여러 마리를 준비했다면 지금 그물 안에 넣도록 한다.)

호숫가에서는 예수님이 기다리고 계셨어요. 예수님은 그렇게 고기가 많으리라는 것을 어떻게 아셨을까요? 정말 궁금했어요. 그리고 사람들은 우리 같은 어부를 모두 무시하는데 이 위대한 선생님이 왜 저같이 천한 어부와 이야기하기 위해 시간을 보냈을까요? 예수님이 저와 가까워지고 싶어 한다는 사실이 굉장히 흥분되기도 하면서 겁도 났어요. 그래서 "예수님, 저는 예수님의 친구가 될 정도로 훌륭한 사람이 아닙니다. 저는 죄인입니다."라고 말했지요.

그러나 예수님은 저를 보고 빙그레 웃으시며 제 어깨에 손을 올렸어요. "베드로야, 무서워하지 마라."고 하셨지요. 그러자 갑자기 무서움이 사라졌어요.

그리고 예수님은 저에게 말씀하셨어요. "베드로야, 나를 따라오너라. 이제부터는 고기 잡는 일을 그만 두고 나와 같이 다니면서 하나님 나라를 전하는 제자가 되어라."

예수님이 "나를 따르라." 하시면 여러분은 어떨 것 같아요? 저처럼 예수님을 따르기로 결심하겠지요? 저는 그물과 배를 모두 던져두고 예수님을 따라갔어요! 예수님과 함께 하나님 나라를 전하는 예수님의 제자가 되었답니다.

 우리 반에 모여요

▶ **출석 확인**　　어린이들이 자신의 출석표에 표시하도록 시간을 주십시오.

▶ **이야기 나누기**　하나님의 말씀을 다시 한 번 생각하며 이해하도록 돕는 질문들입니다. 이 질문들을 어린이들과 나누면서 어린이들 스스로 말씀을 생각하고 느끼게 합니다.
　　　　　　　　■ 준 비 물 : 가정용 교재 22~23쪽
　　　　　　　　가정용 교재의 그림을 보면서 질문을 나누세요.

　　　　　　　　• 예수님이 다시 호수에 가서 그물을 내리라고 했을 때 베드로는 어떻게 했나요?
　　　　　　　　• 그물에 물고기가 가득 찬 것을 보고 베드로는 어떤 표정을 지었을까요?
　　　　　　　　• 그물 속 물고기는 몇 마리나 될까요?

➡ 소그룹 활동

1. 예수님과 함께 물고기를 잡아요(물고기 접기와 그물 만들기)

- 활동목표 : 베드로를 제자로 부르셨던 예수님이 우리도 부르셨음을 압니다.
- 준 비 물 : 교회학교용 교재 25쪽, 유성매직, 지퍼 백.
- 활동방법 : 1) 예꿈 1권 3과 가정용의 성경이야기를
  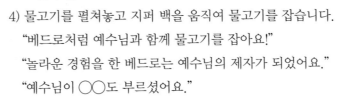
  읽어 봅니다.
  2) 교회학교용 교재 25쪽 여러 가지 크기의
  물고기를 떼어 반으로 접어 둡니다.
  3) 지퍼 백에 유성매직으로 그물 모양을
  그립니다.
  4) 물고기를 펼쳐놓고 지퍼 백을 움직여 물고기를 잡습니다.
  "베드로처럼 예수님과 함께 물고기를 잡아요!"
  "놀라운 경험을 한 베드로는 예수님의 제자가 되었어요."
  "예수님이 ○○도 부르셨어요."

 예수님이 나를 부르셨어요. 나도 예수님을 따를래요!

2. 종이 그물 만들기

- 활동목표 : 물고기로 가득찬 그물을 만들며, 예수님이 하신 놀라운 일을 생각합니다.
- 준 비 물 : 색종이, A4 용지, 가위, 교회학교용 교재 25쪽
- 활동방법 : 1) 소그룹 활동 1과 같이 교회학교용 교재 25쪽의 물고기를 준비합니다.
  2) A4 용지를 한 방향으로 부채접기를 3번 반복합니다.
  3) 끝부분은 1cm 정도 남겨 두고 접힌 부분을 그림과 같이 일정한 간격(2cm 정도)으로 자릅니다.

  4) 자른 그물을 펴고
  물고기를 낚습니다.

➡ 간식

어린이들의 영양을 고려한 간식을 준비합니다.
주스와 물고기 모양의 크래커(또는 마른 멸치)를
주면서 예수님에 관한 오늘 성경 이야기를 다시
생각해 봅니다.

다함께 모여요

➡ **대그룹 활동**

1. 사람 낚는 어부가 될래요

- ■ 활동목표 : 사람들에게 하나님의 나라를 전하는 예수님의 제자가 되기를 바랍니다.
- ■ 준 비 물 : 풍선, 종이 인형(얇은 종이), 바구니
- ■ 활동방법 : 1) 어린이마다 풍선 하나씩을 불게 합니다.
  2) 자기 옷에 풍선을 열심히 문질러 정전기를 일으킵니다(정전기가 많이 발생할수록 유리합니다).
  3) 한 반씩 종이 인형이 담긴 바구니로 달려갑니다.
  4) 정전기 나는 풍선으로 종이 인형을 붙여서 꺼낸 후 인형의 숫자를 세어 봅니다. 어린이들이 사람을 낚는 어부로서 몇 명이나 낚았는지 이야기해 보게 합니다.
  5) 각 반마다 활동 시간은 똑같이 줍니다.

2. 손유희

- ■ 활동방법 : "엄지 어디 있니? 나 여기 있어"의 곡조에 맞추어 진행합니다.
  ⇒ 28쪽의 율동 그림을 참고하세요.

➡ **마음에 새겨요** 회상하기 질문을 통해 어린이들은 오늘 배운 성경 말씀을 삶 속에서 적용할 수 있도록 도움 받을 수 있답니다.

- • 베드로는 많은 물고기를 잡으며 무슨 생각을 했을까요?
- • 베드로는 고기 잡는 어부에서 누구의 제자가 되었나요?
- • 예수님이 우리에게 '나를 따르라' 라고 하시면 어떻게 할까요?

➡️ **기　　도**　　베드로처럼 예수님을 따르는 사람이 되게 해 주세요. 예수님의 이름으로 기도합니다. 아멘.

➡️ **광　　고**　　가정용 교재로 오늘 배운 성경 이야기를 집에서 복습하도록 광고해 주십시오.

➡️ **마침인사**　　샬롬 노래를 부르며 집으로 돌아갑니다.

샬롬 샬롬 선생님 샬롬 샬롬 친구들
다음 주에 다시 만나 예배드리자
샬롬 샬롬 샬-롬

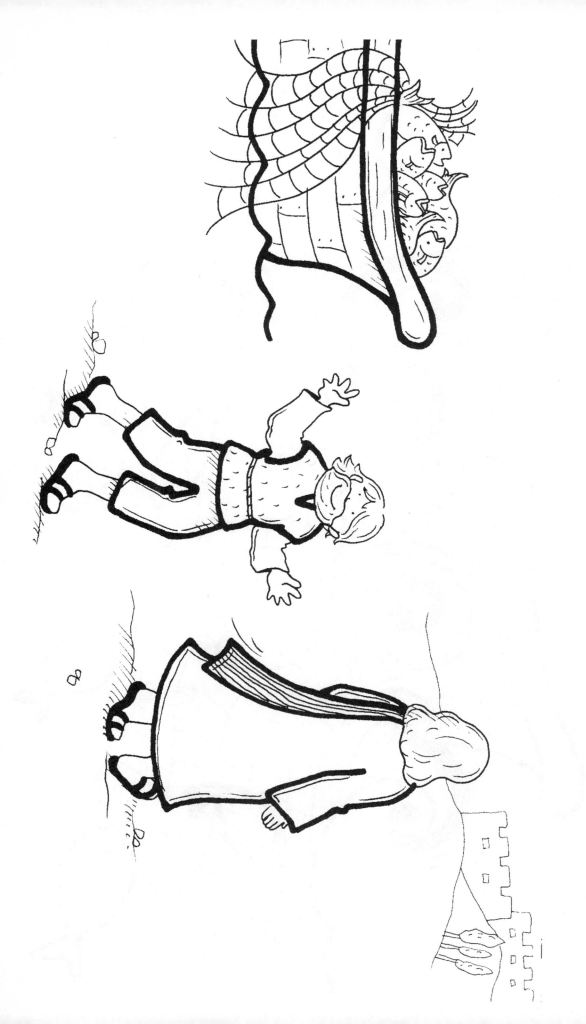

베드로는 예수님에 대해 알게 되었어요(2)

성 경	마태복음 14:22-33
암 송	하나님이 세상을 이처럼 사랑하사 독생자를 주셨으니 이는 그를 믿는 자마다 멸망하지 않고 영생을 얻게 하려 하심이라(요한복음 3:16)
포인트	베드로의 이야기를 통해 예수님은 우리가 예수님을 신뢰하기 원하신다는 것을 알게 되었어요.

◎ 이 과의 목표

믿음의 성숙 (교사와 어린이)

- 예수님에 대해 더 알게 되기 원합니다.
- 예수님은 언제나 우리와 가까이 계시다는 것을 압니다.
- 우리를 사랑으로 돌보시는 예수님을 찬양합니다.

성경에 대한 이해 (어린이)

- 성경 이야기를 다른 형식으로 이야기하거나 연극으로 꾸며 볼 수 있습니다.
- 바람을 보고 베드로가 어떻게 느꼈을지 상상해 봅니다.
- 베드로는 예수님이 물에 빠진 자신을 구해 주셨을 때 어떻게 느꼈을지 상상해 봅니다.
- 우리가 두려움 속에서 예수님을 신뢰해야 했던 때가 있었다면 그 때가 언제였는지 이야기해 봅니다.

믿음의 본보기 (교사)

선생님을 돌보시고 계신 예수님의 사랑을 어린이들과 함께 이야기합니다.

◎ 한눈에 보는 오늘의 예배

순 서	소요시간	활동계획
유치부에 왔어요	예배 전	반가워요 · 마음 열기
예배드려요	35-40분	찬양 · 기도 성경 봉독 · 성경 이야기
우리 반에 모여요	15-20분	출석 확인 · 이야기나누기 소그룹 놀이 활동(예수님 도와주세요! 외 1 중 택일)
다함께 모여요	10분	대그룹 놀이 활동(친구 손 잡고 돌아오기) 마음에 새겨요 · 광고 · 마침 인사

* 위의 순서는 각 교회학교의 사정에 따라 다르게 진행될 수 있습니다.

충동적인 성격의 제자인 베드로는 여러 해 동안 예수님을 따라다니며 예수님에 대해 많은 것들을 알게 되었습니다. 이번 과에서는 예수님이 실제로 물 위를 걸으셨고, 겁에 질린 베드로가 어느 순간에나 예수님을 신뢰해야 한다는 것을 배우는 멋진 이야기를 다루게 됩니다.

오늘 성경 이야기에서도 예수님은 수많은 군중에 둘러싸여 계십니다. 예수님은 빵 다섯 덩이와 두 마리 물고기로 5천 명을 먹이시는 기적을 보이셨고, 이 기적을 본 사람들은 예수님을 떠나려 하지 않았습니다. 그러나 예수님은 모여 있는 사람들에게 작별 인사를 하며 집에 돌아가도록 말씀하셨고, 제자들을 배로 보내셨습니다.

사람들이 떠나자 예수님은 조용히 산에 올라가 하나님께 기도하셨습니다. 예수님은 홀로 하나님과 이야기하고자 하셨습니다. 그러는 동안 배에 오른 제자들은 호수 가운데서 폭풍우 때문에 시달리고 있었습니다. 그런데 한밤중에 예수님께서 물 위를 걸어 배로 오셨습니다. 이 장면을 상상하면서 제자들이 어떻게 느꼈을지 생각해 보기 원합니다. 물 위로 무엇이 걸어오는 것을 본다는 것은 무시무시한 경험입니다. 두려움에 정신을 잃은 제자들은 유령이 걸어오고 있다고 생각했습니다.

예수님은 이때 그들을 부르면서 자신이 누구인지 밝히고 두려워하지 말라고 말씀하십니다. 예수님이 제자들의 두려움에 대해 나무라지 않은 것을 눈여겨보십시오. 제자들을 꾸중하는 대신 예수님은 조금 이상한 말씀을 합니다. 성경에 나오는 "내니"라는 말은 히브리말 "나다"를 그대로 번역한 것입니다.

예수님은 그들에게 "나는 유령이 아니다. 나는 너희 가운데 있는 신성한 존재다. 나는 하나님 아버지로부터 온 사람이다. 아버지의 권능으로 이 놀라운 일을 하는 것이다."라고 이야기하시는 것 같이 보입니다.

충동적인 베드로는 곧장 우리 같으면 하지 않았을 것 같은 요구를 합니다. "나를 명하여 물 위로 오라 하소서."라고 요청합니다(이것은 어린아이 같은 충동이라기보다 스승이 하는 대로 하고자 하는 제자의 욕심이라고 설명할 수 있습니다). 그리고 예수님은 "오라."고 명령하셨고, 베드로는 정말 물 위를 걸어갔습니다.

그런데 왜 베드로가 물에 빠지기 시작했을까요? 예수님은 믿음이 부족해서 물에 빠지기 시작했다며 베드로를 야단치십니다. 베드로는 예수님을 충분히 신뢰하지 않은 것입니다.

베드로는 진정한 믿음보다는 의욕만 넘쳤던 것 같습니다. 그는 두려움을 떨쳐 버리고 의욕에 차서 모험을 하려고 했던 것이 틀림없습니다. 그러나 그것만으로는 자신을 지탱할 수가 없었습니다. 그에게 정말 필요한 것은 하나님의 아들이신 예수님에 대한 진정한 믿음이었습니다. 그에게는 분명 그것이 부족했습니다. 그리하여 그는 물에 빠지기 시작했고 예수님이 손을 뻗어 베드로를 구하신 것입니다.

모든 제자들은 예수님이 하시는 일을 보고 깊은 인상을 받았습니다. 그들은 예수님을 하나님의 아들로서 경배했습니다. 그들은 예수님이 아무도 모르는 것을 가르치거나 병든 자와 장애인을 고칠 뿐 아니라 바람과 물까지 다스리신다는 것을 알게 되었습니다. 그것은 그 무엇보다 하나님만이 하실 수 있는 일이니까요.

이 이야기에서 우리는 무엇을 배울 수 있을까요? 우리도 마땅히 예수님을 신뢰해야 한다는 사실입니다. 그분은 어떤 상황이든, 아무리 위협적인 때에도 우리를 도우실 힘을 가지고 있습니다. 그리고 물에 빠지는 베드로를 구해 주셨듯이 우리도 기꺼이 도와주실 것입니다.

어린이들도 때로는 겁에 질릴 때가 있습니다. 어린이들의 입장에서 보면 거대한 어른의 세계는 매우 위협적이고 그것을 이해하거나 그 위험에 맞서서 할 수 있는 일이 별로 없습니다. 그러므로 어린이들은 언제나 우리 곁에 계시며 우리를 도와줄 준비가 되어 있는 하나님을 신뢰하는 것을 배우는 것이 무엇보다 중요합니다. 볼 수도 없는데 어떻게 예수님이 가까이 있을 수 있는지 어린이들은 아마 이해하기 힘들 것입니다. 예수님의 돌보심에 대한 선생님의 확고한 믿음이 어린이들이 예수님의 존재를 이해하는 데 도움이 될 것입니다.

유치부에 왔어요

➡ **반가워요**   새로운 환경에 적응하여야 하는 1-2월 두 달에는 신발장, 헌금하는 곳, 예배를 준비하며 기다리는 곳을 안내해 주세요. 어린이들이 어떻게 행동해야 할지 알고 있을 때 안심하고 편안해 할 것입니다.

➡ **마음 열기**   일찍 오는 어린이들에게 종이를 나누어 주고 종이배를 접어 볼 수 있도록 합니다. 오늘은 배에 관한 성경 이야기를 들려 준다고 말하며, 말씀에 대한 기대감을 가지게 합니다.

예배 드려요

➡ **찬   양**   "예수님께서 부르셨어요"

➡ **기   도**   사랑의 하나님, 예수님을 더 많이 알고 싶어요. 이 시간 우리들이 예수님을 만날 수 있도록 도와주세요. 우리 예배를 받아 주세요. 예수님의 이름으로 기도합니다. 아멘.

▶ 성경봉독

이것은 성경(두 손을 모읍니다.)　　　　　활짝 펴요.(책을 펴듯이 펼칩니다.)

마태복음 14장 28-33절 말씀.　베드로가 대답했습니다. "주여, 정말로 주시면 제게 물위로 걸어오라고 하십시오." 그러자 예수께서 "오너라"하고 말씀하셨습니다. 그러자 베드로는 배에서 내려 물위로 걸어 예수께로 향했습니다. 그러나 베드로는 바람을 보자 겁이 났습니다. 그리고는 바로 물속으로 가라앉기 시작하자 베드로가 소리쳤습니다. "주여, 살려주십시오!" 예수께서 곧 손을 내밀어 그를 붙잡으시며 말씀하셨습니다. "믿음이 적은 사람아, 왜 의심했느냐?" 그리고 그들이 함께 배에 오르자 바람이 잔잔해졌습니다. 그때 배에 있던 사람들이 예수께 경배드리며 말했습니다. "참으로 하나님의 아들이십니다!"

▶ 들어가기

푸른 색 큰 보자기를 준비합니다. 어린이들에게 잔잔한 바다는 어떠할까 생각해 보자고 합니다. 어린이 중에 1~3명을 앞으로 나오도록 하여 보자기를 가지고 잔잔한 바다, 폭풍우 치는 바다를 표현해 보도록 합니다. 오늘 성경 이야기는 바다에서 일어난 일이라고 말합니다.

하나님 / 말씀을 / 보자
하나님 / 말씀을 / 읽자
우리는 / 우리는 / 하나님의 자녀

☼ 성경 이야기

예수님을 따르는 것은 베드로가 이제까지 결심한 일 중 가장 중요한 일이었어요. (이야기판에 예수님과 베드로를 붙인다.)

베드로와 제자들은 예수님과 함께 다니며 그분이 가르치는 것을 듣고, 그분이 병든 자를 고치는 것을 지켜보았어요. 베드로는 예수님과 함께 있고 그분을 따른다는 것이 너무나 기뻤어요.

하나님의 나라를 전하는 예수님과 제자들은 정말 바빴어요. 먼 길도 가야 했고 많은 사람들을 만나야 했지요. 정말 바쁜 하루를 보낸 어느 날 밤, 예수님은 베드로와 또 다른 제자들에게 말씀하셨어요. "내가 산에 올라가 내 아버지이신 하나님께 기도하는 동안 너희는 먼저 배를 타고 호수를 건너도록 해라." (예수님 그림을 치우고 베드로 위에 배에 있는 제자들 그림을 올려놓는다.)

아름다운 밤이었어요. (배에 있는 베드로와 제자들 그림 위에 달을 붙이고 배 아래에는 색실을 붙여 수면을 표현한다.) 달이 떠올라 달빛이 물 위에 반짝였지요. 베드로와 제자들이 예수님께 작별 인사를 하고 호수로 배를 저어 갈 때 잔잔한 물결이 배에 부딪혔어요. 바람도 부드럽게 불어왔어요. 호수를 건너기에는 좋은 밤이었지요.

그런데 갑자기 먹구름이 하늘을 가렸어요. (구름으로 달을 가린다.) 잔잔한 바람이 거세지면서 커다란 물결이 일자 배는 이리저리 흔들렸어요. (색실을 배 위에까지 물결치게 하면서 거센 파도를 표현한다.)

베드로와 제자들은 바람이나 파도에 익숙한 사람들이었어요. 그들은 어부잖아요? 그러나 이 폭풍우에는 겁이 났어요. 그들은 꼭 끌어안고 폭풍우가 멈추기를 기다렸어요. 그러나 물살은 더 거세지고, 하늘은 더 어두워지고, 바람은 더 심하게 불었어요. 파도가 계속해서 더 높이 치면서 바닷물이 배로 쏟아져 들어왔어요. 모두들 물에 흠뻑 젖어 버렸고, 정말 두려웠지요.

'이제 모두 물에 빠져 죽겠구나.' 하고 베드로가 체념하는 순간 놀라운 일이 벌어졌어요. 베드로와 그의 친구들은 누군가가 물 위를 걸어오는 것을 보았어요. "저게 도대체 뭐지?" 그들은 두려움에 떨며 웅성거렸어요. "분명 유령일 거야!" 누군가가 소리쳤지요. 이제 모두들 너무나 무서워서 아무것도 할 수 없었어요. (배에서 조금 거리를 두고 예수님을 올려놓은 후 배를 향해 천천히 움직인다.) 그런데 거센 바람과 소용돌이치는 파도 소리 가운데 친숙한 목소리가 들려왔어요. 예수님의 목소리였어요. "두려워 말라, 나는 예수니라."

베드로는 폭풍우 속의 희미한 형체를 향해 소리쳤어요. "주여, 만일 예수님이시면 저에게 물 위로 걸어오라고 하십시오."

예수님의 목소리가 바람과 파도 소리 사이로 들려왔어요. "베드로야, 오너라."

아주 조심스럽게 베드로는 배에서 내려 예수님을 향해 파도 사이로 걸어가기 시작했어요. 베드로는 예수님을 바라보며 걷는 동안 안전함을 느꼈어요. 파도나 바람은 이제 더 이상 두려운 존재가 아니었어요. 베드로는 예수님을 신뢰했어요.(배 그림을 들어 안에 있던 베드로 그림을 천천히 빼낸 후 예수님 가까이로 가게 한다.)

그러나 베드로가 물 위를 걷다 말고 멈춰 서서 주위를 둘러보자 거센 바람과 파도가 보였어요. 거센 바람과 파도 때문에 베드로는 다시 겁이 났어요. 예수님을 바라보고 그의 목소리를 듣는 대신, 베드로는 파도를 바라보고 바람소리를 들은 거예요. 베드로는 예수님을 신뢰해야 한다는 것을 잊어버렸어요. 그 순간 베드로는 가라앉기 시작했지요. (색실로 표현한 수면 밑으로 베드로를 움직여 간다.)

베드로는 소리쳤어요. "예수님, 저를 구해 주세요!"

예수님은 곧장 베드로 옆으로 오셔서 그의 손을 잡아 끌어올리셨지요. (보여 준다.)

"믿음이 적은 베드로야, 왜 의심하느냐?"

이제 예수님과 베드로는 배에 올라탔어요. (예수님과 베드로 그림을 배 위에 올려 놓는다.)

그 순간 바람이 멈추고 파도도 잠잠해지더니 달이 먹구름 사이로 나왔습니다. (색실을 평평하게 만들어 잔잔한 바다를 표현하고 구름에 가리어 있던 달을 다시 내놓는다.)

두려움에 떨었던 제자들은 마음을 가라앉히고 놀라움에 가득 찬 표정으로 예수님을 바라보았어요. 예수님은 정말로 하나님의 아들이라는 것을 확신하면서 제자들은 배 위에서 무릎을 꿇었어요!

예수님은 언제나 우리와 함께하세요. 무섭고 두려운 어떤 일이 생겨도 예수님만을 바라보고 걷는다면 물 위를 걸었던 베드로처럼 모든 일에 무사히 승리할 수 있답니다.

 ## 우리 반에 모여요

➡️ **출석 확인**   어린이들이 자신의 출석표에 표시하도록 시간을 주십시오.

➡️ **이야기 나누기**   하나님의 말씀을 다시 한 번 생각하며 이해하도록 돕는 질문들입니다. 이 질문들을 어린이들과 나누면서 어린이들 스스로 말씀을 생각하고 느끼게 합니다.

■ 준 비 물 : 가정용 교재 30~31쪽

가정용 교재의 그림을 보면서 질문을 나누세요.

• 배가 폭풍우에 휩쓸릴 때 베드로와 다른 제자들은 어떻게 느꼈을까요?
• 베드로처럼 물 위를 걷는다면 어떨까요?

- 물에 빠지기 시작했을 때 베드로는 어떻게 느꼈을까요?
- 여러분도 베드로처럼 정말 많이 무서웠던 적이 있나요?
- 여러분이 두려워하고 있을 때 예수님이 손을 내밀어 도와주신다면 어떨까요?

선생님, 잠깐만요!

어린이들에게 '신뢰'라는 단어를 가르쳐주세요. 베드로처럼 우리가 무서움을 느낄 때 예수님은 그것을 알고 계시다고 설명해 주세요. 신뢰는 예수님이 우리 가까이 있다는 것을 기억하고 예수님이 우리를 돌볼 것이라고 확실히 느끼는 것을 뜻합니다. 어린이들에게 신뢰를 가르친 후 다음의 기도로 마무리합니다. "예수님, 신뢰합니다. 예수님이 언제나 저를 돌보신다는 것을 알아요. 내가 두려움에 떨고 있을 때마다 예수님이 그곳에 함께 계시다는 것을 알아요. 예수님의 이름으로 기도합니다. 아멘."

➡ 소그룹 활동

1. 예수님, 도와주세요!(만화 완성하기)

- 활동목표 : 능력의 예수님이 우리를 돌보심을 압니다.
- 준 비 물 : 교회학교용 교재 6쪽, 27쪽, 33쪽 말풍선 스티커, 풀, 연필 또는 볼펜
- 활동방법 : 1) 베드로 이야기를 살펴보고 빈자리에 맞는 조각을 27쪽에서 찾아 붙입니다.
  2) 대사가 빠진 부분에 무슨 말이 오고 갔을지 이야기를 충분히 나눈 뒤, 33쪽 말풍선 스티커를 붙입니다.
  3) 글을 쓸 수 있는 아이는 빈 말풍선에 필요한 내용을 써서 붙여도 좋습니다. "아! 무서워!", "예수님, 도와주세요!" 등

 예수님은 나를 돌보세요. 나는 예수님을 믿을래요!

2. 우리를 구원해 주신 하나님, 감사해요

- 활동목표 : 인형놀이를 통해 성경 이야기를 다시 표현해 봅니다.
- 준 비 물 : 스티로폼 작은 공, 여러 모양의 스티로폼 조각들, 이쑤시개, 칼라 믹스 약간
- 활동방법 : 1) 스티로폼을 이용하여 사람을 만들도록 합니다.

2) 스티로폼 공과 조각을 이용하여 이쑤시개에 꽂아 팔, 다리, 얼굴을 만듭니다(이쑤시개에 찔릴 수 있으므로 끝부분에 칼라 믹스를 동그랗게 뭉쳐 손과 발을 만듭니다).

3) 스티로폼 사람으로 오늘의 성경 이야기를 다시 한 번 꾸며 봅니다(베드로, 예수님 역 등 인형마다 역할을 정합니다).

➡ 간식   어린이들의 영양을 고려한 간식을 준비합니다.

다함께 모여요

➡ 대그룹 활동

1. 친구 손잡고 돌아오기
- 활동목표 : 친구를 통해 예수님의 인도하심을 느껴 봅니다.
- 준 비 물 : 눈가리개(스카프), 반환점
- 활동방법 : 1) 두 명씩 짝을 정하고, 한 어린이의 눈을 가립니다(어린이들이 두려움을 느끼지 않도록 손으로 눈을 가리는 연습을 먼저 해 봅니다).
  2) 다른 어린이는 눈을 가린 짝을 인도하여 반환점을 돌아옵니다.

➡ 마음에 새겨요   회상하기 질문을 통해 어린이들은 오늘 배운 성경 말씀을 삶 속에서 적용할 수 있도록 도움 받을 수 있답니다.

- 베드로는 폭풍우 속 바다에서 어떻게 걸을 수 있었나요?
- 바다에 빠진 베드로를 누가 구해주셨나요?
- 예수님은 우리가 어느 곳에 있든지 함께 하시는 분인가요?

➡ 기 도   예수님이 물에 빠진 베드로를 구해 주신 것처럼 언제나 우리 곁에 계시고 우리를 도와주시는 하나님 감사해요. 예수님의 이름으로 기도합니다. 아멘.

➡ 광 고   가정용 교재로 오늘 배운 성경 이야기를 집에서 복습하도록 광고해 주십시오.

➡ 마침인사   샬롬 노래를 부르며 집으로 돌아갑니다.

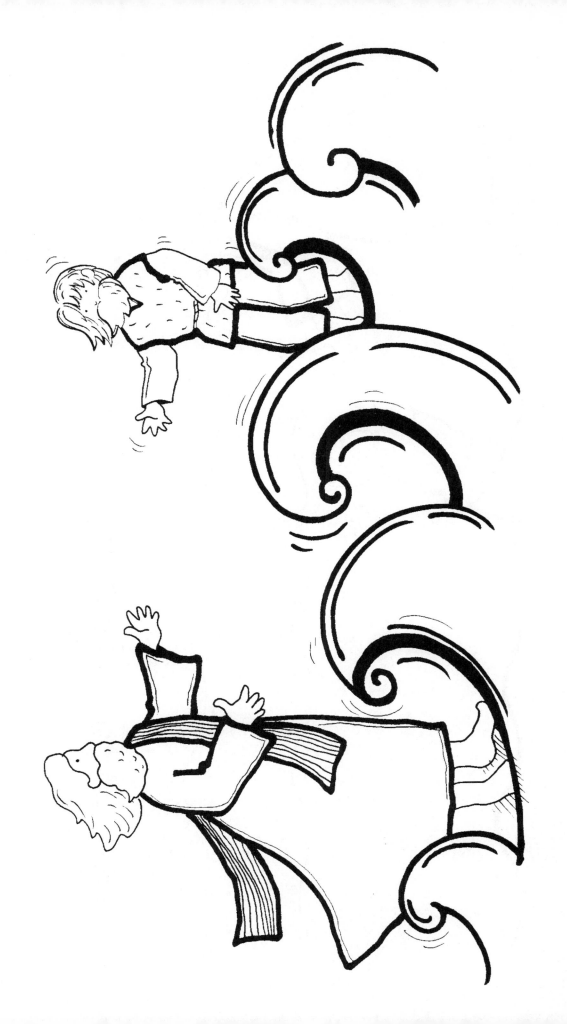

잔치에 왔던 사람들은 예수님에 대해 알게 되었어요

성 경	요한복음 2:1-11
암 송	하나님이 세상을 이처럼 사랑하사 독생자를 주셨으니 이는 그를 믿는 자마다 멸망하지 않고 영생을 얻게 하려 하심이라(요한복음 3 : 16)
포인트	혼인잔치에 왔던 사람들이 놀라운 일을 행하시는 예수님에 대해 알게 되었어요.

◉ 이 과의 목표

믿음의 성숙 (교사와 어린이)

• 예수님에 대해 더 많이 알게 되기 원합니다.

• 예수님은 능력과 사랑을 보여 주는 기적을 일으키시는 분임을 깨닫습니다.

• 예수님의 놀라운 능력을 찬양합니다.

성경에 대한 이해 (어린이)

• 예수님이 행하신 기적을 설명할 수 있습니다.

• 오늘 성경 이야기에서 기적을 일으키신 분이 누구인지 이야기합니다.

• 하나님의 아들이신 예수님은 기적을 일으킬 수 있음을 깨닫습니다.

믿음의 본보기 (교사)

하나님의 아들이신 예수님의 능력에 대한 선생님의 놀라움을 표현하세요.

◉ 한눈에 보는 오늘의 예배

순 서	소요시간	활동계획
유치부에 왔어요	예배 전	반가워요 · 마음 열기
예배드려요	35-40분	찬양 · 기도 성경 봉독 · 성경 이야기
우리 반에 모여요	15-20분	출석 확인 · 이야기나누기 소그룹 놀이 활동(물이 변하여 포도주 됐네! 외 1 중 택일)
다함께 모여요	10분	대그룹 놀이 활동(알록달록 찬양해요) 마음에 새겨요 · 광고 · 마침 인사

＊ 위의 순서는 각 교회학교의 사정에 따라 다르게 진행될 수 있습니다.

▣ 이 과를 준비하는 선생님들께

우리는 보통 예수님의 기적에 대해 병자를 고치거나 물 위를 걷고 죽은 자를 일으키는 굉장한 일들을 떠올립니다. 그러나 오늘 성경 이야기는 예기치 않게 포도주가 떨어졌을 때 그것을 채우신 기적으로 집 안에서 일어난 기적에 대해 소개합니다.

예수님이 계시던 시대에 포도주는 일상적인 음료수로 여자나 아이들은 여기에 물을 타서 마셨습니다. 여기에는 실용적인 이유가 있었습니다. 그 시대에는 위생 시설이 제대로 갖추어지지 않은 데다 물을 정화할 필터도 화학 물질도 없었습니다. 이런 상황에서 물을 섞은 포도주야말로 모두에게 안전한 음료였던 것입니다. 따라서 포도주는 오늘날 생수나 우유처럼 일상적으로 마시는 음료였습니다. 이 이야기를 어린이의 입장에서 오늘의 이야기로 바꾸어 보면, 아이의 생일날 우유가 떨어졌는데 예수님이 초콜릿 우유를 여러 병 만들어 내신 기적과 같은 것입니다.

결혼식에는 친척이나 친구 등 중요한 사람이 초청되기도 했지만, 결혼은 근본적으로는 가족 행사입니다. 예수님의 어머니는 이 가족의 친척, 아마 고모쯤 되었던 것 같고, 예수님도 제자들과 함께 초청을 받았습니다.

이스라엘에서 혼인 잔치는 큰 행사로 1주일 내내 계속되기도 했습니다. 이 잔치에 그 가족의 평판이 달려 있었기 때문입니다. 그래서 보통 넘칠 정도로 먹고 마실 것을 풍성히 준비했습니다.

그런데 이 혼인 잔치에 문제가 생겼습니다. 포도주가 떨어진 것입니다. 처음부터 넉넉히 준비하지 못했거나

혼인 잔치에 있던 대부분의 사람은 이 기적에 대해 몰랐을 것입니다. 그러나 제자들은 예수님이 기적을 일으키셨음을 알았고, 깊은 인상을 받았습니다. 성경에는 "예수께서 이 처음 표적을 갈릴리 가나에서 행하여 그 영광을 나타내시매 제자들이 그를 믿으니라"고 기록되어 있습니다. 여기에서 "그를 믿으니라"라는 표현은 제자들이 예수님은 보통 사람과는 다른 특별한 분임을 알게 되었고, 믿고 따를 만하다는 것을 알게 되었다는 것을 의미합니다.

이렇게 많은 사람이 올지 예상하지 못했기 때문일 것입니다. 예수님의 어머니는 이 상황을 알고 예수님께 "포도주가 떨어졌다는구나."라고 이야기하신 것이고요. 얼마나 급한 어조로 이야기했을지 상상할 수 있겠지요?

마리아는 예수님이 기적을 행하실 것을 예상했을까요? 아마 그렇지 않았을 것입니다. 요한복음에 의하면 이날 예수님이 처음으로 기적을 보였으니까요. 그렇다면 마리아는 왜 예수님께 이야기했을까요? 마리아는 예수님에게 뭔가 범상치 않은 일을 기대했던 것 같아요.

"내 때가 아직 이르지 못하였나이다."라는 예수님의 말은 그를 죽이려 하는 유대 지도자와의 피치 못할 대면을 뜻하는 것같이 보입니다. 예수님은 이런 일이 벌어질 줄 알고 계셨습니다. 그에게 이끌리는 군중들이나 그가 행하는 기적에 대한 소문이 모두 그 종교 지도자들을 위협하고 있었습니다. 기적을 행할 때마다 예수님은 운명의 시간으로 다가가고 있는 셈이었지요. 예수님이 사람들에게 기적에 대해 발설하지 말라고 자주 말씀한 것도 이 때문입니다.

그러나 예수님은 마리아의 요청에 응하셨습니다. 물 항아리는 많은 물을 넣을 수 있는 편리하고 깨끗한 도구로, 식사 전 손을 씻는 유대인들의 관습에 따라 이용되었습니다. 예수님은 하인들에게 거기에 물을 채워 잔치를 맡고 있는 사람에게 갖다 주라고 했습니다. 이 과정에서 이 물은 포도주로 바뀌었습니다. 포도가 발효하여 포도주가 되려면 오랜 시간이 필요합니다. 그러나 예수님은 그것을 단번에 행하신 것입니다.

예수님은 왜 포도주 맛을 이전 것보다 더 좋게 하셨

을까요? 그 물음에 답하기란 쉽지 않습니다! 이것은 아마 하나님이 세상을 창조하실 때처럼 창조적인 일이었고, 그래서 예수님이 만드신 것은 가장 좋은 것일 수밖에 없었기 때문으로 추측됩니다. 잔치를 책임지고 있는 사람은 새 포도주가 어디에서 났는지 모른 채 즉흥적으로 포도주에 대해 칭찬했고, 제자들이 그 말을 듣고 기억했습니다. 특히 이 복음을 쓴 사도 요한이 그러했습니다.

혼인 잔치에 있던 대부분의 사람은 이 기적에 대해 몰랐을 것입니다. 그러나 제자들은 예수님이 기적을 일으키셨음을 알았고, 깊은 인상을 받았습니다. 성경에는 "예수께서 이 처음 표적을 갈릴리 가나에서 행하여 그 영광을 나타내시매 제자들이 그를 믿으니라"고 기록되어 있습니다. 여기에서 "그를 믿으니라"라는 표현은 제자들이 예수님은 보통 사람과는 다른 특별한 분임을 알게 되었고, 믿고 따를 만하다는 것을 알게 되었다는 것을 의미합니다.

이 이야기는 어린이들에게 예수님의 비범한 모습을 알리는 데 도움을 줄 것입니다. 그는 가족의 한 사람으로 가족 행사에 참여했습니다. 그런데 하나님의 외아들로서 그의 정체성을 보여 주는 영광스러운 일이 일어났던 것입니다. 갈릴리 가나에서 행하신 예수님의 첫 번째 표적을 보면서 우리는 놀라움과 경이로움을 느끼게 됩니다.

유치부에 왔어요

▶ **반가워요** 어린이들이 유치부실에 들어오면 반갑게 맞아 주세요. 겨울의 추운 날씨에도 예배드리러 온 어린이들의 손을 꼭 잡아 주세요. "○○야, 춥지 않았니? 손이 얼었네."라고 말하면서 어린이의 두 손을 선생님의 따뜻한 손으로 꼭 감싸 주세요.

▶ **마음 열기** 가나의 혼인 잔치(예수님의 첫 번째 기적)에 대한 성경 동화를 준비해서 읽어 주세요. 그리고 "예수님이 말씀하시니 물이 변하여 포도주 됐네" 찬양을 합니다.

예배 드려요

▶ **찬   양** "나 때문에 우리 예수님 하하하하 웃으시네"
"예수님이 말씀하시니"

➡ 기 　도　사랑의 하나님, 우리를 기쁘게 해 주시는 예수님을 더 많이 알고 싶어요. 이 시간 우리들이 예수님을 만날 수 있도록 도와주세요. 우리 예배를 받아 주세요. 예수님의 이름으로 기도합니다. 아멘.

➡ 성경봉독　이것은 성경(두 손을 모읍니다.)　　　　　　　활짝 펴요.(책을 펴듯이 펼칩니다.)

요한복음 2장 9-11절 말씀.　잔치 책임자는 물이 변해 된 포도주를 맛보았습니다. 그는 그 포도주가 어디에서 났는지 알지 못했지만 물을 떠온 하인들은 알고 있었습니다. 잔치 책임자는 신랑을 불렀습니다. 그러고는 이렇게 말했습니다. "누구든지 처음에는 맛 좋은 포도주를 내오다가 손님들이 취하면 덜 좋은 포도주를 내는 법인데 당신은 가장 좋은 포도주를 지금까지 남겨 두었군요." 예수께서 이 첫 번째 표적을 갈릴리 가나에서 행해 자기의 영광을 드러내셨습니다. 그러자 예수의 제자들이 그를 믿었습니다.

➡ 들어가기　오늘의 이야기는 예수님이 행하신 놀라운 일, 보통 사람은 할 수 없는 기적에 관한 것이라고 설명합니다. 기적은 예수님이 하나님으로부터 받은 능력과 사람들에 대한 사랑을 보여 주기 위해 행하시는 놀라운 일들이라고 다시 한 번 이야기합니다. 이야기의 분위기를 돋우기 위해 흰 와이셔츠에 검은 나비 넥타이 차림으로 이야기를 들려 줍니다.

> *선생님, 잠깐만요!*
>
> 혹시 선생님 반에 부모가 이혼한 아이가 있다면 결혼에 관해 이야기를 나눌 때 조심하십시오. 이때는 결혼식에 국한시키지 말고 여러 가지 즐거운 행사에 관해 이야기를 나눕니다.

✗ 성경 이야기

하하호호, 까르르 까르르.

많은 사람들이 예쁜 옷을 입고 즐거운 시간을 보내고 있어요.

오늘은 특별한 날이에요. 많은 사람들, 특히 결혼하는 남자와 여자에게는 기쁘고 흥분된 날이지요. 바로 그들의 결혼식 날이에요. 이들은 서로에게 결혼식에서 어떤 약속을 해야 할지 이야기해 두었지요. 혼인 잔치를 할 집도 장식했어요. 그들은 이 멋진 잔치에 가족과 친구들을 초청했어요. 사람들은 혼인 잔치에 참석하러 여러 곳에서 찾아왔어요.

요리사는 사람들을 위해 음식을 준비하고 예쁜 그릇과 포도주 잔으로 식탁을 차리느라 분주했어요. 하인들은 커다란 포도주 단지들을 가져와 식탁 위에 놓았지요. 많은 사람이 올 것이기에 충분한 음식과 좋은 포도주를 준비하는 것이 중요했어요.

예수님과 제자들도 혼인 잔치에 초대되었어요. 예수님과 제자들이 그곳에 도착했을 때 잔치에 있던 모든 사람들은 흥겨운 시간을 보내고 있었어요. 어떤 사람들은 식탁에 앉아 먹고 마시고 있었고, 다른 사람들은 무리를 지어 서서 이야기를 나누며 웃고 있었어요. 어느 곳을 보나 행복한 사람들이었어요. 예수님은 방 건너편에 어머니인 마리아가 친구들과 함께 있는 것을 보셨어요.

그런데 잔치가 한창일 때 마리아가 예수님께 허겁지겁 달려왔어요. 근심 어린 표정이었어요. 마리아는 예수님에게 "포도주가 다 떨어졌단다. 잔치는 아직 끝나지 않았는데, 네가 도와줄 수 있겠니?"라고 물었어요.

예수님이 둘러보시니 탁자 위에 빈 포도주 잔들이 보였어요. 포도주 항아리들도 비어 있었어요. 마리아 말이 맞았어요.

어머니가 자신의 도움을 원한다는 것을 예수님은 아셨어요. 그러나 예수님은 "어머니, 왜 제게 도와 달라고 하십니까? 하늘에 계신 내 아버지께서 말씀하신 제 때는 아직 이르지 않았습니다."라고 말씀하셨어요.

그렇지만 마리아는 잔치를 맡고 있는 하인들에게 가서 예수님을 가리키면서 "예수님이 너희들에게 이야기하는 대로 하라."고 말했어요.

예수님은 어머니를 쳐다보셨어요. 예수님은 빈 포도주 잔들과 방을 둘러보셨어요. 예수님은 사람들이 물을 나를 때 쓰는 여섯 개의 커다란 돌 항아리도 보셨어요. 예수님은 하인들에게 말씀하셨어요.

"가서 이 항아리 맨 위까지 물을 채워라."

'예수님은 도대체 여섯 개의 커다란 물 항아리로 무엇을 하시려는 걸까?' 하인들은 예수님이 시키는 대로 하면서도 궁금했어요. 하인들이 커다란 항아리들을 예수님에게 가져와 마루에 내려놓는 동안 항아리에 차 있는 물이 넘쳐흘렀어요. 예수님이 모두가 포도주 대신 물을 마실 수 있다고 생각하시는 것인지 하인들은 궁금했어요.

"그 물을 컵에 따라 포도주 맛보는 사람에게 가져 가거라."

하인은 다시 예수님의 말씀에 순종했지요. 하인이 새로 따라 준 포도주를 맛본 사람은 처음엔 무척 놀라더니 천천히 컵에 든 포도주를 맛있게 마셨어요. 그리고 웃음을 띠었습니다. "음! 처음 대접한 포도주보다 훨씬 좋고 정말 맛있는 포도주구나!"

하인들은 자신들이 본 것을 믿을 수가 없었어요. 다시 돌아가 항아리 안을 들여다보자 물은 포도주로 변해 있었어요. 이제 물이 아니라 포도주가 된 거예요.

예수님은 평범한 물을 좋은 포도주로 바꾸셨어요! 그것은 오직 하나님의 아들만이 하실 수 있는 기적이었어요. 예수님은 이 첫 번째 기적을 갈릴리 가나에서 행하셨고, 하나님의 영광을 보여 주셨어요. 그리고 예수님의 제자들은 이를 보고 예수님을 믿게 되었어요. 놀라운 일을 행하시는 예수님을 찬양합니다.

우리 반에 모여요

➡ **출석 확인** 어린이들이 자신의 출석표에 표시하도록 시간을 주십시오.

➡ **이야기 나누기** 하나님의 말씀을 다시 한 번 생각하며 이해하도록 돕는 질문들입니다. 이 질문들을 어린이들과 나누면서 어린이들 스스로 말씀을 생각하고 느끼게 합니다.

물을 어떻게 사용하는지, 잔치는 어떤 것인지 구체적으로 생각해 볼 수 있도록 상황을 연출하거나 상상하는 질문을 나눠 봅니다.

낮은 탁자나 바닥에 물이 반쯤 담긴 투명 그릇을 놓고, 바가지나 물놀이 장난감 몇 개를 가지고 장난치는 모습을 보여 줍니다. 물 마시는 모습을 보여 주거나 세수하는 흉내를 내어도 좋습니다. 그리고 어린이들에게 눈을 감게 한 후 예수님이 참석한 잔치에 관해 마음으로 그림을 그려 보게 합니다. 이렇게 물어보면서 아이들이 구체적인 그림을 그리도록 돕습니다.

- 결혼잔치 모습이 보이나요?
- 신랑, 신부 외에 또 어떤 사람들이 있나요?
- 이 잔치에 무슨 문제가 있나요?
- 예수님이 보이나요?
- 예수님은 하인들에게 무엇을 하라고 하셨나요?

눈을 뜨고 계속해서 이야기를 나눕니다.
- 마리아나 베드로, 잔치에 있던 다른 사람들은 왜 물을 포도주로 만들 수 없었나요?
- 예수님은 어떻게 기적을 행하실 수 있나요?

➡ **소그룹 활동**

1. 물이 변하여 포도주 됐네!(색칠하기)

- ■ 활동목표 : 예수님이 놀라운 능력을 행하셨음을 압니다.
- ■ 준 비 물 : 교회학교용 교재 8쪽, 색연필
- ■ 활동방법 : 1) 가나 혼인 잔치 장면을 상상하며 색칠해 봅니다.
  2) 부족한 것이 있는 나의 생일 파티에 예수님이 오신다면 어떤 도움을 주실지 상상해 보고 이야기를 나눕니다. 놀라운 일을 행하시는 예수님에 대한 이야기가 우리의 일상생활에도 연결될 수 있다는 것을 깨닫습니다.

"예수님이라면 어떻게 하셨을까?"

"예수님, ○○가 떨어졌어요!"

 예수님이 놀라운 일을 행하셨어요!

2. 손과 발 신호 만들기(손에 드는 깃발 2개, 발등에 붙이는 색종이 2장)

■ 활동목표 : 색깔을 즐기며 찬양합니다.

■ 준 비 물 : 빨강, 파랑, 노랑, 초록색 색종이, 수수깡, 가위, 종이, 공작용 접착제, 투명 테이프

■ 활동방법 : 1) 수수깡 두 개를 나누어 주고, 빨간색과 파란색 색종이를 각각의 수수깡에
붙여 깃발을 만듭니다.

2) 투명 테이프를 이용하여 색종이를 발등에 붙입니다(노란색-왼발,
초록색-오른발).

3) 왼손에는 빨간 깃발을, 오른손에는 파란 깃발을 듭니다.

4) 신호를 만든 후 활동은 전체 어린이들이 모여서 하게 됩니다.
(자세한 설명은 '다함께 모여요'의 '알록달록 찬양해요'를 참고)

▶ **간식**　　　포도 주스와 파티 음식을 준비하면 좋습니다.

 다함께 모여요

▶ **대그룹 활동**

1. 알록달록 찬양해요

■ 준 비 물 : '우리 반에 모여요'에서 만든 깃발과 발등 신호

■ 활동방법 : 1) '우리 반에 모여요'에서 만든 깃발과 발등 신호를 준비합니다.

2) 어린이들과 함께 각각의 색깔과 위치를 확인하며 말해 봅니다.
(왼손-빨간 깃발, 오른손-파란 깃발, 왼발-노랑, 오른발-초록)

3) 함께 일어나 찬양하면서 네 가지 색깔을 각 가사마다 하나씩 정해 흔들도록
합니다.

예) 예수님이 / 말씀하시니 / 물이 변하여 / 포도주 됐네
　　　빨강　　　　　파랑　　　　　노랑　　　　　초록

■> 마음에 새겨요 회상하기 질문을 통해 어린이들은 오늘 배운 성경 말씀을 삶 속에서 적용할 수 있도록 도움 받을 수 있답니다.

- 혼인잔치집에서 어떤 기적이 일어났나요?
- 물이 변하여 포도주가 되게 하신 분은 누구인가요?

■> 기   도 물로 포도주를 만드신 예수님은 정말 특별한 분인 것을 알게 해 주셔서 감사해요. 예수님의 이름으로 기도합니다. 아멘.

■> 광   고 가정용 교재로 오늘 배운 성경 이야기를 집에서 복습하도록 광고해 주십시오.

■> 마침인사 샬롬 노래를 부르며 집으로 돌아갑니다.

샬롬 샬롬 선생님 샬롬 샬롬 친구들
다음 주에 다시 만나 예배드리자
샬롬 샬롬 샬-롬

6 아픈 친구가 예수님에 대해 알게 되었어요

성 경	누가복음 5:17 – 26
암 송	하나님이 세상을 이처럼 사랑하사 독생자를 주셨으니 이는 그를 믿는 자마다 멸망하지 않고 영생을 얻게 하려 하심이라(요한복음 3 : 16)
포인트	중풍병 환자가 예수님을 만나 걸을 수 있게 된 것처럼 예수님은 우리를 치료할 수 있는 분임을 압니다.

◎ 이 과의 목표

믿음의 성숙 (교사와 어린이)

• 예수님의 능력과 사랑을 찬양합니다.

• 병들거나 상처 입은 사람을 돌보시는 예수님의 사랑을 깨닫습니다.

• 아프거나 다친 사람을 위해 기도합니다.

• 예수님은 우리의 병을 고칠 수 있음을 확실히 압니다.

성경에 대한 이해 (어린이)

• 오늘의 성경 이야기를 연극으로 꾸며 보거나 말로 표현할 수 있습니다.

• 예수님이 걷지 못하는 사람을 위해 하신 일을 말할 수 있습니다.

• 우리가 아는 사람 중에 예수님이 병을 고쳐주신 사람이 있다면 이야기해 봅니다

믿음의 본보기 (교사)

예수님의 치유가 필요한 사람에 대한 선생님의 관심을 보여 주세요.

◎ 한눈에 보는 오늘의 예배

순 서	소요시간	활동계획
유치부에 왔어요	예배 전	반가워요 · 마음 열기
예배드려요	35 – 40분	찬양 · 기도 성경 봉독 · 성경 이야기
우리 반에 모여요	15 – 20분	출석 확인 · 이야기나누기 소그룹 놀이 활동(아픈 친구를 예수님께로 외 1 중 택일)
다함께 모여요	10분	대그룹 놀이 활동(환자 운반하기) 마음에 새겨요 · 광고 · 마침 인사

* 위의 순서는 각 교회학교의 사정에 따라 다르게 진행될 수 있습니다.

▣ 이 과를 준비하는 선생님들께

오늘 이야기에는 걷지 못하는 남자가 등장합니다. 그가 살았던 시대에는 자동차도, 전동 휠체어도, 휠체어가 드나들 수 있는 쇼핑센터도 없었다고 아이들에게 설명해 주세요. 그래서 이 남자는 어디를 가든 친구들이 업어서 옮겨 주어야 했습니다. 완전히 다른 사람들의 도움에 의지할 수밖에 없었던 것입니다. 선생님들은 이 남자가 얼마나 무력감을 느꼈을지, 그래서 얼마나 간절하게 예수님으로부터 치료받고 싶어 했으며, 다시 걸을 수 있다면 그의 삶은 완전히 달라지게 된다는 것을 어린이들이 이해할 수 있게 도와주세요.

성경에 따르면 이 날 바리새인과 교법사(율법을 해석하고 가르치는 사람, 서기관의 다른 명칭)들도 와 있었습니다. 그들은 유명한 랍비요, 기적을 행하는 사람인 예수에 대해 알아보려고 온 것입니다. 그러니 무척 불편한 상황이었을 것입니다. 예수님은 가르치면서 병자를 치료하시는데, 바리새인과 교법사들은 예수님의 이야기를 듣고 지켜보면서 서로 의논하며 흠을 잡으려 하고 있으니 말입니다.

그들이 왔다고 해서 예수님이 할 일을 멈추지 않으신 것에 주목해 보십시오. 성경에는 "병을 고치는 주의 능력이 예수와 함께하더라"(누가복음 5장 17절)고 기록되어 있습니다. 예수님은 인간의 능력이 아니라 성령의 능력으로 기적을 행하고 있었습니다. 그러나 바리새인들은 이것을 보지 못했습니다. 아니 보지 않으려고 했습니다.

이 때 예수님께 걷지 못하는 사람을 친구들이 데려왔습니다. 그가 지나갈 수 있도록 길을 내 주려는 사람이 없었기 때문에 예수님께 가까이 가는 것은 불가능했습니다. 군중들 대부분은 바리새인들처럼 걷지 못하게 된 것은 자신이나 부모의 죄 때문이라고 생각했던 것 같습니다.

그런데 이 걷지 못하는 남자의 친구들은 사람들과는 달리 굉장히 다른 태도를 보였던 점에 주목하기 원합니다. 그들은 이 남자를 메고 그곳까지 온 후 군중 때문에 앞으로 나가지 못하는데도 그를 예수님 가까이 데려가기 위해 갖은 노력을 다합니다. 그들은 또한 믿음을 보여 주었습니다. 이것을 기억해야 합니다! 예수님은 걷지 못하는 당사자가 아니라 '그들의 믿음'을 보셨습니다.

예수님은 왜 그를 직접 치료하지 않고 "이 사람아 네 죄 사함을 받았느니라"(누가복음 5장 20절)고 하셨을까요? 그것은 그곳에 있던 바리새인과 서기관을 의도적으로 자극하기 위한 발언으로 보입니다. 사람의 장애가 어떤 죄 때문에 생기는 것이라고 믿는 바리새인들의 생각을 예수님은 아셨습니다. 걷지 못하는 사람 자신도 똑같이 생각했을 것입니다. 예수님은 이렇게 말하면 바리새인들이 강하게 반발하리라는 것을 알고도 그렇게 하셨습니다.

예수님의 이런 말씀은 신에 대한 불경죄로, 유대 법에서 가장 심각한 죄로 여기는 것 중 하나입니다. 하나님의 이름을 잘못 사용하는 불경죄를 저지른 사람은 돌로 쳐서 죽이게 되어 있습니다(레위기 24장 10-16절 참고). 때문에 예수님이 이 말씀을 했을 때 바리새인과 율법학자들이 '아하, 이제 저 사람은 꼼짝없이 잡혔군.' 하고 얼마나 만족했을지 거의 생생하게 느낄 수 있을 것입니다.

> 이 걷지 못하는 남자의 친구들은 사람들과는 달리 굉장히 다른 태도를 보였던 점에 주목하기 원합니다. 그들은 이 남자를 메고 그곳까지 온 후 군중 때문에 앞으로 나가지 못하는데도 그를 예수님 가까이 데려가기 위해 갖은 노력을 다합니다. 그들은 또한 믿음을 보여 주었습니다. 이것을 기억해야 합니다! 예수님은 걷지 못하는 당사자가 아니라 '그들의 믿음'을 보셨습니다.

그러나 예수님은 그들과 직접적으로 충돌하십니다. 그들은 오직 하나님만이 죄를 사할 수 있다고 말합니다. 사실입니다! 오직 하나님의 권능으로만 이 치유의 기적을 행할 수 있습니다. 어떻게 바리새인들은 이런 기적을 보고도 그것이 '하나님의 권능'으로 이루어졌다는 것을 부인할 수 있습니까? 어떻게 그들은 예수님이 하나님으로부터 사람들을 치료하고 죄를 사하는 권능을 받았다는 것을 눈으로 지켜보고도 부인할 수 있었을까요?

예수님이 자신에 대해 '인자'(사람의 아들)라고 지칭한 것에 주목하십시오. 예수님이 자신을 이러한 이중적인 명칭으로 부른 것은 예수님은 사람들과 함께 있지만 또한 하나님의 아들이심을 설명하는 것입니다. 이것을 증명하기 위해 예수님은 사람을 치료하면서 "일어나서 집으로 가라"고 말씀하십니다. 급격하게 변한 이 사람의 삶에 비해 이 얼마나 간단한 말씀입니까! 이 사람은 예수님이 자신의 병을 치료할 뿐 아니라 죄를 사해 주실 수도 있다는 것을 알았습니다. 그 사람의 육체와 영혼이 모두 치유 받은 것입니다.

하나님의 권능이 예수님과 함께하셨습니다. 어린이들에게 이야기를 들려줄 때 그 당시 이 기적을 경험했던 사람들의 놀라움이 실릴 수 있도록 설명하세요. "오늘 우리가 놀라운 일을 보았다"(누가복음 5장 26절)라고 말한 사람들의 반응을 반영할 수 있어야 합니다. 어린이들 역시 자신들의 방법과 언어로 이 놀라움을 표현할 수 있도록 도와주세요.

유치부에 왔어요

➡ **반가워요** 감기에 걸렸거나 아픈 어린이에게는 "하나님은 치료의 하나님이시란다."라고 말해 주고 아픈 아이의 손을 잡고 "하나님, ○○가 건강하게 해주세요."라고 기도하고, 건강한 아이에게는 "하나님, ○○를 건강하게 지켜 주셔서 감사해요."라고 기도합니다.

➡ **반가워요** 어린이들이 오늘 이야기의 주제에 집중할 수 있도록 병원놀이 장난감을 준비합니다(반창고, 목발, 인형, 장난감 체온계 등). 아플 때 의사와 간호사, 부모님이 어떻게 돌봐 주었는지 어린이들이 역할 놀이를 할 수 있도록 합니다. 그리고 오늘 걷지 못하는 사람을 걸을 수 있게 치료해 주신 예수님에 대해서 알게 될 것이라고 설명해 줍니다.

예배 드려요

➡ **찬　양**　　"예수님이 말씀하시니"

➡ **기　도**　　사랑의 하나님, 병든 자를 고치시는 예수님을 더 많이 알고 싶어요. 이 시간 우리들이 예수님을 만날 수 있도록 도와주세요. 우리 예배를 받아 주세요. 예수님의 이름으로 기도합니다. 아멘.

➡ **성경봉독**　　이것은 성경(두 손을 모읍니다.)　　　　　활짝 펴요.(책을 펴듯이 펼칩니다.)
누가복음 5장 24(하)-26절 말씀.　예수께서 중풍 환자에게 말씀하셨습니다. "내가 네게 말한다. 일어나 네 침상을 가지고 집으로 가거라." 그러자 곧 그는 사람들 앞에서 일어나 자기가 누웠던 침상을 들고 하나님을 찬양하며 자기 집으로 돌아갔습니다. 사람들은 모두 놀라며 하나님을 찬양했고 두려움으로 가득 차 말했습니다. "오늘 우리가 놀라운 일을 보았다."

➡ **들어가기**　　다리가 불편할 때 사용하는 휠체어나 목발 등 보조 기구를 제시하거나, 이것들이 그려진 그림을 보여 주며 어디에 사용하는지 어린이들에게 물어봅니다. 예수님이 걷지 못하는 사람을 위해 얼마나 멋진 기적을 행하셨는지 이야기를 들려주겠다고 합니다.

> **선생님, 잠깐만요!**
>
> 선생님의 반에 신체적 장애가 있는 어린이가 있으면 이번 시간을 위한 활동 계획을 짤 때나 성경 이야기를 전할 때 특별히 주의해야 합니다. 그런 아이들을 배려하여 말이나 동작을 하나하나 천천히 되풀이해서 함께할 수 있도록 특별히 주의하십시오.

○ 성경 이야기

걷지 못하는 사람이 있었어요. 사람들은 이 사람을 중풍 병자라고 불렀어요. 다른 사람들이 뛰어 다니며 운동하고, 가고 싶은 곳을 마음껏 갈 수 있는 것을 보면서 이 사람은 너무나 부러웠어요. 슬픈 얼굴로 자기를 보았어요. 다른 사람의 도움이 없이는 아무것도 할 수 없는 것은 힘들고도 괴로운 일이었어요.

어느 날, 예수님이 마을에 오신다는 소문을 들었어요. 걸을 수 없는 친구의 마음을 안 친구들은 침상을 들고 예수님이 계신 집으로 갔어요. 그러나 사람들이 너무 많아서 예수님께 데리고 갈 방법이 없었어요.

"어떻게 하지? 무슨 좋은 수가 없을까?"

"그래! 지붕 위로 올라가는 거야."

친구들은 사다리를 타고 올라가서 지붕을 뜯기 시작했어요.

"조심해. 친구가 떨어지지 않도록 천천히 내리자."

걷지 못하는 사람을 태운 침상은 예수님 앞으로 내려갔어요.

"아니, 이게 뭐야?"

지붕을 뜯으니 가루가 떨어지고 먼지가 났어요. 방안에 있던 사람들은 놀라고 화가 났어요. 그러나 예수님은 친구를 사랑하는 사람들의 마음을 예쁘게 보셨어요. 그리고 그들의 믿음을 보셨지요. 이 사람에게 정말 무엇이 필요한지 아셨기 때문에 기쁘게 그를 돕고자 하셨어요.

"이 사람아, 네 죄를 용서받았느니라."

사람들은 깜짝 놀랐어요. 바리새인들은 예수님에 대한 호기심을 갖고 왔다가 화가 났어요.

"저 사람이 누구이기에 감히 죄를 용서한다는 거야? 감히 자기가 하나님처럼 행동하다니!"

예수님은 바리새인들의 생각을 아셨어요. 그래서 이렇게 말씀했어요.

"내게는 병자를 낫게 하는 것과 죄를 용서해 주는 하나님의 권세가 있느니라. 일어나 침상을 가지고 집으로 돌아가라."

기적이 일어났어요. 걸을 수 없었던 사람이 일어나 덩실덩실 춤을 추며 하나님께 영광을 돌렸어요. 걷게 된 것 뿐만 아니라 죄를 용서받았다는 것을 알게 되었어요. 걷지 못하던 사람은 벌떡 일어서서 하나님을 찬양했어요. 고침을 받은 사람과 친구들, 그리고 많은 사람들은 하나님의 능력이 예수님과 함께하신다는 것을 알게 되었어요. 예수님은 놀라운 기적을 일으키시는 하나님의 아들이에요.

우리 반에 모여요

➡ 출석 확인 어린이들이 자신의 출석표에 표시하도록 시간을 주십시오.

➡ 이야기 나누기 하나님의 말씀을 다시 한 번 생각하며 이해하도록 돕는 질문들입니다. 이 질문들을 어린이들과 나누면서 어린이들 스스로 말씀을 생각하고 느끼게 합니다.

■ 준 비 물 : 가정용 교재 46~47쪽

가정용 교재의 성경 이야기 그림을 한 장 한 장 다시 보면서 치료하고 죄를 사하시는 예수님에 대해 어린이들이 더 깊이 생각하고 반응하도록 합니다. 이 이야기에 나오는 사건에 관심을 집중할 수 있도록 이렇게 질문해 보세요.

• 상상의 그림 속에서 여러분은 어디에 있나요? 여러분도 예수님 근처에 있나요?

• 만약 여러분이 걷지 못한다면 어떤 것들을 할 수 없을까요?

• 걷지 못하는 사람과 친구들 중 누가 예수님을 찾는 것에 대해 더 열심이었을까요?

- 예수님의 주변에 수많은 사람들이 몰려 있는 것을 보고도 왜 그 친구들은 포기하지 않았을까요?
- 예수님은 어떻게 이 놀라운 기적을 행하실 수 있었을까요?
- 예수님이 다리를 고쳐 주신 후 걷지 못했던 사람은 어떻게 했나요? 몸으로 보여 주세요. (어떤 동작을 취했을지 어린이들에게 서서 해 보라고 합니다.)

➡ 소그룹 활동

1. 아픈 친구를 예수님께로(종이 인형놀이)

- 활동목표 : 예수님은 우리의 병을 고쳐 주시는 분임을 압니다.
- 준 비 물 : 교회학교용 교재 9쪽, 투명 테이프, 나무젓가락
- 활동방법 : 1) 종이 인형과 들것을 떼어 냅니다.

   2) 들것에 이불을 접어 붙이고 양 옆에 나무젓가락을 붙입니다.
   3) 들것에 종이 인형을 태우고 성경이야기를 회상하며 놀이합니다.

 예수님이 고쳐 주셨어요!

2. 움직이는 인형 만들기

- 활동목표 : 건강한 신체를 주신 하나님께 감사드립니다.
- 준 비 물 : 양말, 스티로폴 공, 종이컵, 털실, 단추(또는 구멍이 있는 구슬), 부직포 조각, 공작용 접착제

- 활동방법 : 1) 양말 속에 먼저 스티로폴 볼을 밀어 넣고 그 다음 종이컵을 넣어 사람의 모양을 만듭니다. 공과 컵 사이는 실로 묶어서 머리와 몸통을 구분해 놓습니다.

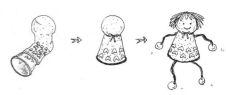

   2) 양말의 발목 부분은 종이컵 속으로 밀어 넣어 마무리합니다.
   3) 공 모양 위에는 접착제를 이용하여 털실로 머리를 만들어 붙이고 눈을 붙입니다.
   4) 부직포 조각으로 입을 만들어 붙입니다.

5) 털실(또는 모루)로 단추(구멍이 있는 구슬)를 달아 발을 만듭니다.

6) 단추가 달린 발을 바닥에 튕겨 소리를 내면서 건강을 주신 하나님께 감사의 찬양을 드립니다.

▶ 간식 어린이들의 영양을 고려한 간식을 준비합니다.

다함께 모여요

▶ 대그룹 활동

1. 환자 운반하기

■ 활동목표 : 성경 이야기 속에 나오는 운반도구를 재연하여 이야기를 상기해 봅니다.

■ 준 비 물 : 신문지

■ 활동방법 : 1) 커다란 신문지 중앙에 30cm 정도의 구멍을 뚫습니다.

2) 다섯 명씩 짝을 짓습니다.

3) 한 명은 신문지 구멍 안으로 들어가고, 나머지 네 명은 신문지 네 면을 각각 잡고 출발선에 준비합니다.

4) 신호 악기 소리에 맞추어 환자를 태운 가마를 들고 반환점을 돌아옵니다.

5) 돌아와서 다음 사람에게 가마를 전달합니다.

6) 다음 사람들은 미리 준비하여 게임이 연속될 수 있도록 합니다.

▶ 마음에 새겨요 회상하기 질문을 통해 어린이들은 오늘 배운 성경 말씀을 삶 속에서 적용할 수 있도록 도움 받을 수 있답니다.

- 걷지 못하는 사람을 친구들은 어떻게 도와주었나요?
- 예수님이 고쳐 주신 후 걷지 못하는 사람은 어떻게 되었나요?
- 내 도움이 필요한 친구가 있나요? 누구인가요?
- 나는 내 친구를 어떻게 도와줄까요?

▶ 기   도   병을 고쳐 주시고 죄를 용서해 주시는 예수님을 알게 해 주셔서 감사해요. 도움이 필요한 사람들에게 예수님을 전하고 싶어요. 예수님의 이름으로 기도합니다. 아멘.

▶ 광   고   가정용 교재로 오늘 배운 성경 이야기를 집에서 복습하도록 광고해 주십시오.

▶ 마침인사   샬롬 노래를 부르며 집으로 돌아갑니다.

샬롬 샬롬 선생님 샬롬 샬롬 친구들
다음 주에 다시 만나 예배드리자
샬롬 샬롬 샬-롬

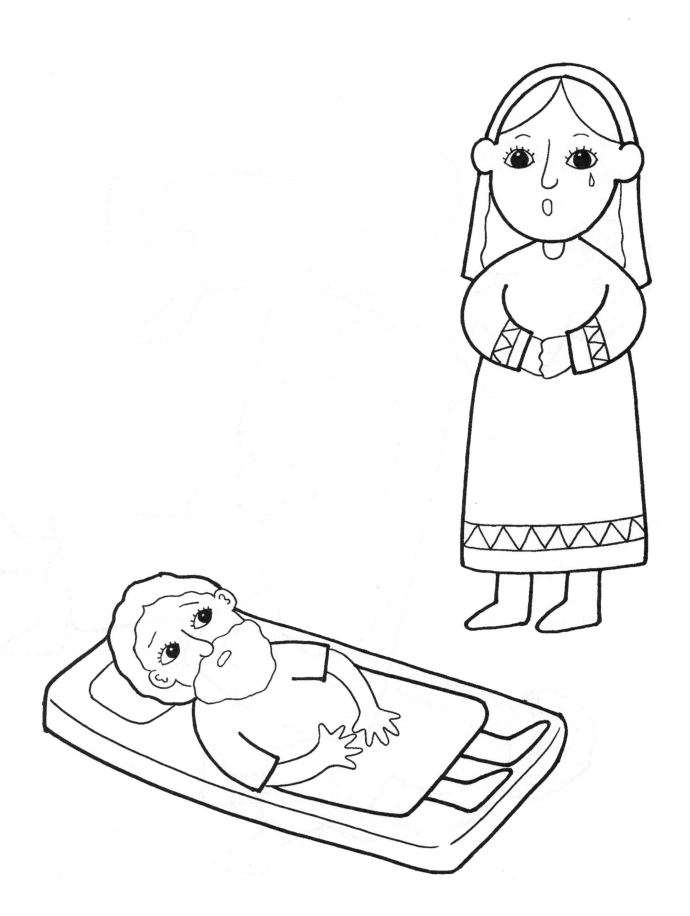

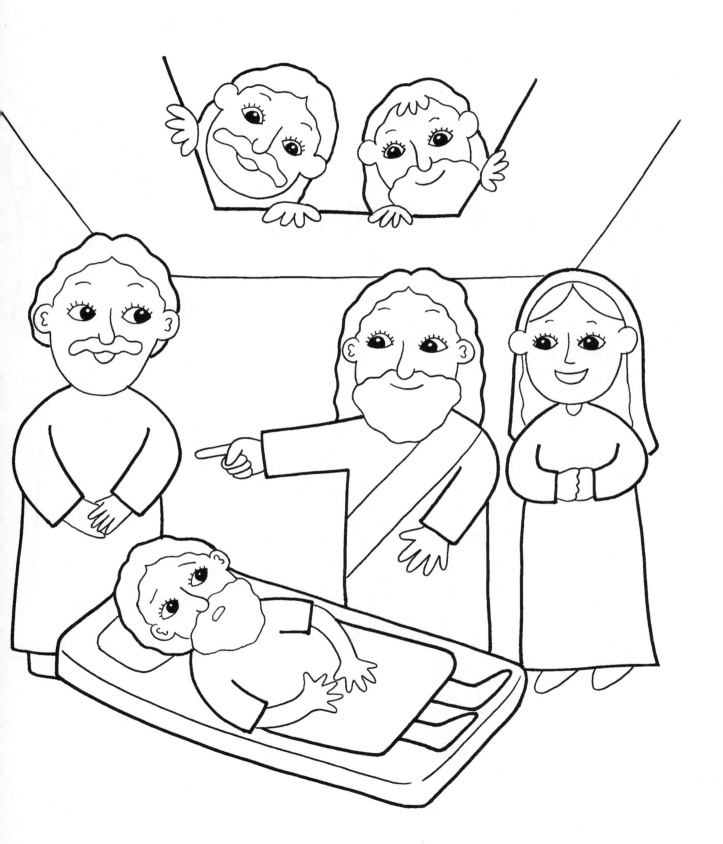

7 어린 소녀가
예수님에 대해 알게 되었어요

성 경	마가복음 5:38 – 43
암 송	하나님이 세상을 이처럼 사랑하사 독생자를 주셨으니 이는 그를 믿는 자마다 멸망하지 않고 영생을 얻게 하려 하심이라(요한복음 3 : 16)
포인트	어린 소녀는 예수님에게 죽은 사람을 살릴 수 있는 권능이 있다는 것을 알게 되었어요.

◎ 이 과의 목표

믿음의 성숙 (교사와 어린이)

• 우리를 향하신 예수님의 사랑을 찬양합니다.

• 죽음을 이기신 예수님의 놀라운 능력에 경이로움을 느낍니다.

• 어린이들을 향한 예수님의 관심과 사랑을 느낍니다.

성경에 대한 이해 (어린이)

• 오늘의 성경 이야기를 그림으로 그려볼 수 있습니다.

• 예수님의 기적을 경험하기 전과 경험한 후에 소녀의 부모들이 어떻게 느꼈을지 상상해 봅니다.

• 예수님이 어떻게 죽은 소녀를 살릴 수 있었는지 이야기해 봅니다.

믿음의 본보기 (교사)

예수님의 치유가 필요한 사람에 대한 선생님의 관심을 보여 주세요.

◎ 한눈에 보는 오늘의 예배

순 서	소요시간	활동계획
유치부에 왔어요	예배 전	반가워요 · 마음 열기
예배드려요	35–40분	찬양 · 기도 성경 봉독 · 성경 이야기
우리 반에 모여요	15–20분	출석 확인 · 이야기나누기 소그룹 놀이 활동(달리다굼! 외 2 중 택일)
다함께 모여요	10분	대그룹 놀이 활동(찬양하는 어린이) 마음에 새겨요 · 광고 · 마침 인사

✳ 위의 순서는 각 교회학교의 사정에 따라 다르게 진행될 수 있습니다.

◉ 이 과를 준비하는 선생님들께

이번 과에는 놀라운 치유의 역사가 등장합니다. 예수님이 죽은 소녀를 살리신 것입니다. 그런데 오늘의 이야기는 믿음과 불신이 섞여 있는 상황입니다.

성경에는 회당장인 야이로라는 사람이 예수님께 왔다고 기록되어 있습니다. 이 사람은 유대 교회의 행정을 책임지고 있는 사회 지도자였고, 사람들로부터 존경받는 위치에 있었던 것 같습니다.

야이로는 예수님께 와서 간절하게 호소했습니다. 그의 딸이 생명을 위협받는 병을 앓고 있었기 때문입니다. 예수님이 오셔서 딸에게 손을 얹기만 해 주셔도 나을 것이라고 야이로는 확신했습니다. 병을 고치는 예수님의 능력에 그는 큰 믿음을 가지고 있었습니다. 그는 딸을 치료해 달라고 예수님께 그저 요구한 것이 아닙니다. 그는 군중들 앞에서 예수님께 간청했습니다. 자신의 아이를 살릴 수 있다면 부끄러움을 당하는 것쯤은 상관하지 않았습니다. 오늘 딸을 향한 이 아버지의 깊은 관심과 사랑을 어린이들이 느낄 수 있도록 설명해 주세요.

예수님은 그의 요청을 받아들입니다. 그러나 한 여성이 예수님의 옷자락에 손을 대 병을 치료받는 사건 때문에 이들은 지체하게 됩니다. 그때 야이로의 집에서 딸이 죽었다는 소식이 전해집니다. 이 소식을 전한 사람들은 예수님에 대해 회의적입니다. 아마 그들은 야이로가 예수님을 찾아가는 것을 처음부터 반대했을 것입니다. 그들은 예수님께 도움을 요청하는 것은 시간 낭비일 뿐인데, 딸아이가 죽은 지금은 더욱 그렇다는 거부의 의미를 담아 말하고 있는 것입니다.

우리가 예수님께 무엇인가를 구할 때 믿기만 하는 것이 중요하다는 사실입니다. 우리는 예수님이 죽은 자까지도 살릴 수 있다는 것을 알 수 있습니다. 우리는 죽음이 끝이 아니라는 사실을 알 수 있습니다. 예수님이 이 소녀에게 하셨듯이 우리를 죽음에서 일으키실 것이라는 사실을 우리는 알 수 있습니다.

이때 예수님이 어떻게 대답하셨는지 눈여겨보십시오. 예수님은 그들의 말과 행동을 무시하십니다. 그 대신 야이로에게 집중해서 그에게 "믿기만 하라"(마가복음 5장 36절)고 촉구하십니다. 이런 중대한 순간, 야이로가 그렇게 하는 것은 어렵지만 꼭 필요한 일이었습니다.

예수님은 왜 세 명의 제자들(베드로, 야고보, 요한)만 데리고 야이로의 집에 가셨을까요? 이 일은 특별한 방법으로 하나님의 권능을 보여 주어야 할 중대한 사건이라는 것을 예수님이 분명히 아셨기 때문입니다. 예수님은 은밀하게 일을 하고자 할 때 보통 이 세 명의 증인들과 동행하셨습니다(마가복음 5장 43절).

그들이 야이로의 집에 도착했을 때 집에서는 한바탕 소동이 일어나고 있었습니다. 유대인의 장례 관습에 따라 가족들과 이웃들이 벌써 큰 소리로 통곡하고 있었지요. 직업적으로 곡을 해 주는 사람이 도착하기에는 너무 이른 시간이었습니다. 예수님이 그들을 보고 아이는 죽은 것이 아니라 자고 있으니 조용히 하라고 말씀하십니다. 그리고 그들은 예수님을 비웃었습니다.

예수님은 무슨 뜻으로 이 말을 하셨을까요? 아이가 정말 죽지 않았고 혼수상태였기 때문은 아니었습니다. 그것은 전체 이야기와 부합되지 않습니다. 예수님은 하나님의 백성에게 있어 죽음은 영원한 상태가 아니라 잠 같은 짧은 휴식에 불과하다는 말을 하고 계시는 것입니다. 사실 이 말은 초기 그리스도인이 죽음을 이야기할 때 즐겨 쓰는 표현이 되었습니다(에베소서 5장 14절, 데살로니가 전서 5장 10절). 죽을 때 우리는 예수님 품에서 잠이 드는 것입니다.

예수님께서 가족들과 통곡하던 다른 사람들을 집 밖으로 내보내신 것에 주목하기 원합니다. 이 놀라운 기적을 행하실 때 아이 부모와 세 명의 제자만이 그 자리에 있도록 허락되었습니다. 예수님이 죽은 아이를 살리시는 방법은 아주 간단했습니다. 엘리사가 수넴 여인의 죽은 아들을 일으킬 때와 같이 기도하고 몸을 만지는 일도 없었습니다(열왕기하 4장 33-35절 참고). 예수님은 그저 소녀의 손을 잡고 일어나라고 이야기하셨습니다. 얼마나 대단한 권능입니까! 그 소녀는 그것으로 치료받고 건강해졌습니다. 예수님은 아이에게 먹을 것을 주라고 하셨는데 그것은 건강이 회복되었다는 증거로, 사람들에게 그 어린 소녀가 정말 살아났다는 것을 보여 주는 것이기도 합니다.

야이로와 그의 딸이 예수님을 만난 사건에서 우리는 무엇을 배울 수 있을까요?

첫 번째로, 우리가 예수님께 무엇인가를 구할 때 믿기만 하는 것이 중요하다는 사실입니다. 우리에게 더 이상 요구되는 것은 없습니다. 회개하는 행동도 맹세도 요구되지 않았습니다. "그저 믿으라."고 예수님은 말씀하십니다. 예수님에 대한 믿음만이 단 하나의 요구 사항입니다.

두 번째로, 우리는 예수님이 죽은 자까지도 살릴 수 있다는 것을 알 수 있습니다. 이것이 예수님 안에 있는 명백한, 부인할 수 없는 하나님의 능력입니다. 오직 하나님만이 생명을 주십니다. 하나님의 권능으로 예수님은 죽음을 정복하고, 지금이나 우리가 죽은 후에도 새 생명을 주십니다.

세 번째로, 우리는 죽음이 끝이 아니라는 사실을 알 수 있습니다. 예수님을 믿는 사람에게 그것은 잠과 같습니다. 그 잠이 얼마나 계속될지 우리는 알 수 없지만, 예수님이 이 소녀에게 하셨듯이 우리를 죽음에서 일으키실 것이라는 사실을 우리는 알 수 있습니다. 예수님은 죽음 앞에서도 우리에게 소망을 주십니다.

유치부에 왔어요

▶ 반가워요
오늘은 여러 선생님들이 함께 찬양으로 축복하며 어린이들을 환영해 보세요. 어린이가 들어올 때 "○○야, 축복해.", "☆☆아, 사랑해." 하면서 손을 잡고 맞아 줍니다. 이때 여러 선생님들은 계속해서 옆에서 찬양을 합니다.

▶ 마음 열기
성경 동화(병자를 고쳐 주신 예수님의 행적)를 몇 가지 비치해 두고 어린이들이 편하게 읽을 수 있게 합니다. 또 종이와 색연필을 준비해서 웃는 얼굴과 슬퍼하는 얼굴을 그려보게 합니다.

예배 드려요

➡ **찬　　양**　　"예수님이 말씀하시니"
"위대하고 강하신 주님"
"내 하나님은 크고 힘 있고 능 있어"

➡ **기　　도**　　사랑의 하나님, 죽은 자를 살리신 예수님을 더 많이 알고 싶어요. 이 시간 우리들이 예수님을 만날 수 있도록 도와주세요. 우리 예배를 받아 주세요. 예수님의 이름으로 기도합니다. 아멘.

➡ **성경봉독**　　이것은 성경(두 손을 모읍니다.)　　　　　　활짝 펴요.(책을 펴듯이 펼칩니다.)
마가복음 5장 38-43절 말씀.　　회당장의 집에 이르자 예수께서 많은 사람들이 울며 통곡하며 소란스러운 것을 보시고는 집안으로 들어가 그들에게 말씀하셨습니다. "어째서 소란하며 울고 있느냐? 아이는 죽은 것이 아니라 그냥 자고 있는 것이다." 그러자 사람들이 예수를 비웃었습니다. 예수께서 사람들을 모두 밖으로 내보내시고 아이의 부모와 함께 있는 제자들만 데리고 아이가 있는 방으로 들어가셨습니다. 예수께서 그 아이의 손을 잡고는 아이에게 "달리다굼!" 하셨습니다. 이 말은 "소녀야, 내가 네게 말한다. 일어나거라!"는 뜻입니다. 그러자 곧 아이가 일어나더니 걸어 다녔습니다. 이 소녀는 열두 살이었습니다. 이 일을 본 사람들은 몹시 놀랐습니다. 예수께서 이 일을 아무에게도 알리지 말라고 엄하게 말씀하셨습니다. 그리고 "아이에게 먹을 것을 주라"고 말씀하셨습니다.

➡ **들어가기**　　'야이로'로 분장한 교사가 여자아이 인형을 들고 나타납니다. 평화로운 음악이 흐르면 아무말없이 인형을 안아올리거나, 돌보면서 행복하게 지내는 모습을 보여줍니다. 음악이 슬픈 음악으로 바뀌면 인형을 바닥에 놓고 야이로는 수심이 가득한 표정을 지으며 앉습니다.

❍ 성경 이야기

내 이름은 야이로예요. 나에게는 열두 살 된 사랑스러운 딸이 있지요.

그런데 이 어린 딸이 얼마 전부터 아프기 시작했어요. 나는 딸을 낫게 하려고 훌륭한 의사 선생님을 찾아가 보기도 하고, 좋은 약이라고 하면 모두 먹여 보았어요. 하지만 병은 낫지 않았어요. 결국 우리 딸은 나를 보고 웃지도 않고, 친구들과 뛰어 나가 놀지도 못하고, 자리에 누워만 있게 되었어요. 아픈 딸 옆에서 아빠인 나는 아무것도 해 줄 수 없었어요.

'어떻게 하면 우리 딸의 병을 고칠 수 있을까?' 생각하다가 문득 예수님이 떠올랐어요. '맞아, 예수님은 분명히 내 사랑하는 딸을 고쳐 주실 수 있을 거야.'

나는 서둘러 예수님을 찾아 나섰어요. '사람들이 많이 모여 있는 저쪽에 예수님이

계실 거야!'

사람들이 너무 많았지만 나는 그 사람들을 헤치고 들어가서 예수님 발 앞에 망설임 없이 엎드렸어요.

"예수님, 제 딸이 병들어 죽게 되었어요. 제발 사랑스런 우리 딸에게 손을 얹어 기도해 주셔서 병을 낫게 해 주세요."

예수님께서는 나의 부탁을 들으시고 우리 집으로 함께 가기로 하셨어요.

그런데 많은 사람들이 예수님을 에워싸고 뒤쫓아 왔어요. 사람들이 너무 많아 걷기도 힘들었어요. 예수님이 빨리 딸에게 가서 고쳐 주시길 바랬기 때문에 마음은 더욱 급해졌지요. 그 때 어떤 병든 아주머니 한 분이 예수님의 옷을 붙잡는 바람에 시간이 또 늦어지고 말았어요. 더욱더 내 마음은 다급해졌어요.

그 때였어요. 우리 집에서 보낸 사람이 달려와 울먹이며 딸이 죽었다고 알려주었어요. 나는 그 말을 듣고 너무나 너무나 슬펐어요.

하지만 예수님은 나에게 말씀하셨어요. "두려워하지 마라. 그리고 믿기만 하여라."

마침내 예수님과 함께 집에 도착했어요. 우리 딸의 죽음을 슬퍼하며 울고 있는 사람들을 바라보며 말씀하셨어요.

"이 아이는 죽은 것이 아니라 자는 것이다."

우리 집에 모여 울고 있던 많은 사람들은 이 이야기를 들으며 예수님을 비웃었어요.

나는 예수님의 제자 세 명과 함께 사랑하는 딸이 있는 방으로 들어갔어요.

그리고 예수님은 나의 딸의 손을 잡고 말씀하셨어요.

"달리다 굼!"

"소녀야, 일어나라!"

그 때 기적이 일어났어요.

이 말씀을 듣고 죽었던 나의 딸이 눈을 뜨고 벌떡 일어났어요. 그리고 걷기도 했답니다. 예수님께서 나의 어린 딸을 살려 주신 거예요. 나는 너무나 기뻐서 정말 가슴이 터질 것 같았어요.

예수님은 죽은 사람도 살릴 수 있는 놀라운 분이에요.

예수님은 놀라운 기적을 이루시는 하나님의 아들이에요.

나의 사랑하는 딸을 살리고 고쳐 주신 예수님의 능력을 찬양합니다.

우리 반에 모여요

➡️ **출석 확인**   어린이들이 자신의 출석표에 표시하도록 시간을 주십시오.

➡️ **이야기 나누기**   하나님의 말씀을 다시 한 번 생각하며 이해하도록 돕는 질문들입니다. 이 질문들을 어린이들과 나누면서 어린이들 스스로 말씀을 생각하고 느끼게 합니다.

- 어린 딸이 죽었을 때 엄마와 아빠의 마음은 어떠했을까요?
- 예수님이 어린 딸을 다시 살려 주셨을 때 엄마와 아빠의 마음은 어떠했을까요?
- 내가 이 이야기에 나오는 어린 소녀라면 예수님에 대해 어떻게 느꼈을까요?
- 예수님이 나를 많이 사랑하신다는 것을 알고 있나요?
- 예수님은 어떻게 이 놀라운 기적을 일으키실 수 있었을까요?
- 가정용 교재 54~56쪽의 성경 이야기 그림을 사용하여 사람들의 얼굴 표정이 어떤지 물어 봅니다(슬픈 표정, 기쁜 표정).

> *선생님, 잠깐만요!*
>
> 이 과를 시작하기 전 선생님이 가르치는 어린이 중 최근에 친구나 친척이 사망한 경우는 없는지 미리 알아보십시오. 만약 그런 어린이가 있다면 죽음에 대해 조심스럽게 이야기하면서 예수 그리스도 안에 있는 새 생명에 대한 기독교인의 소망을 강조합니다.

※ **죽음에 대한 이해**   이 어린 소녀가 왜 죽었고, 그 소녀의 병이 무엇이었는지 궁금해 하는 어린이들도 있을 것입니다. 해롤드 S. 쿠쉬너의 책 「아이들이 하나님에 대해 물을 때」는 어린이들이 죽음에 대한 공포를 표현할 때 어른들이 어떻게 대처할지 알려 줍니다.

"맞아요. 어려서 죽는 사람도 있어요. 그러나 그것은 흔한 경우가 아니고, 우연히 일어나는 일이에요. 나쁜 짓을 했기 때문에 벌을 받아서 그런 것은 아니에요. 그런 일은 별로 없지요. 대부분의 어린이들은 어른이 될 때까지 잘 살아요. 병이 걸렸다가도 낫고, 다쳤다가도 치료되지요. 그리고 오랫동안 살아요."

한편 어떤 어린이들은 할아버지나 가족의 친구 등 가까운 사람의 죽음에 대해 물어 올 것입니다. 그들이 어떤 일을 했고, 그들과 얼마나 즐거운 시간을 보냈는지 어린이들이 죽은 사람에 대해 추억할 수 있도록 하십시오.

어린이들이 죽음에 대해 물을 때 다정하고 차분하게, 따뜻한 목소리로 대답하는 것이 무엇보다 중요하다는 사실을 기억하십시오. 예수님이 우리의 친구이며, 죽음을 넘어서는 능력을 가지고 계시기 때문에 걱정할 필요가 없다는 것을 아이들이 이해할 수 있도록 도와주십시오. 죽음은 일시적인 것입니다. 예수님이 오실 때 우리는 그와 함께 모두 다시 살아날 것입니다.

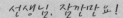

선생님, 잠깐만요!

어떤 지역에서는 어린아이들에게도 죽음이 흔히 일어나는 일일 수 있습니다. 어떤 어린이들은 매일 삶의 무자비한 모습을 보면서 살 수도 있습니다. 이 어린이들에게는 특히 예수님의 돌보심에 대한 약속과 부활에 대한 소망이 필요합니다.

 # 우리 반에 모여요

➡ 소그룹 활동

1. 달리다굼!(창문 그림책)

- 활동목표 : 죽은 소녀를 살리신 예수님의 능력을 찬양합니다.
- 준 비 물 : 교회학교용 교재 11쪽, 29쪽, 33쪽 예수님 스티커, 투명 테이프 또는 풀
- 활동방법 : 1) 선대로 접고, 칼선을 떼어 창문 자리를 접어 둡니다.

  2) 2개의 그림을 차례로 붙여 그림책을 만듭니다.
   ① 30쪽 분홍색 부분에 풀칠을 한 뒤 반으로 접습니다.
   ② 29쪽의 노란색 부분에 풀칠을 하고 12쪽 그림을 붙입니다.
  3) 창문을 열며 그림에 알맞은 대사를 나눕니다.
   "우리 딸이 많이 아파요!"
   "예수님, 도와주세요!"
  4) 창문 안쪽에 예수님 스티커를 붙입니다.
   "달리다굼! 소녀야 일어나라"
  5) 다음 창문을 열며 소녀를 살리신 예수님을 찬양합니다.

 예수님은 죽은 소녀를 살리셨어요! 나는 예수님을 믿어요!

2. 탬버린 치며 기뻐해요

- 활동목표 : 죽음을 이기신 예수님을 찬양하고 기뻐합니다.
- 준 비 물 : 마분지, 펀치, 빵끈, 투명 박스 테이프, 모루, 방울
- 활동방법 : 1) 마분지를 길게 잘라서(30cm×6cm 정도) 펀치로 양쪽 끝부분에 구멍을

뚫어 둡니다(탬버린 둘레 전체를 꾸미는 것이 어린이들에게는 부담스러울
수 있으므로 1/3정도의 구간에만 구멍을 뚫어 두는 것이 좋습니다).

2) 한쪽 구멍은 모루로 감침질하고 다른 한쪽은 빵끈으로 방울과 함께 끼워
감침질합니다.

3) 마분지의 양 끝을 연결하여 투명 테이프로 탬버린을 완성합니다.

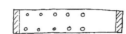 

3. 이야기 벽화(공동작품)

■ 활동목표 : 하나님의 아들, 예수님만이 소녀를 다시 살리실 수 있으며 사람들에게 참 기쁨
을 주실 수 있다는 것을 알게 됩니다.

■ 준 비 물 : 커다란 집 모양으로 자른 종이(모조지, 벽지, 소포 용지 등) 2장, 사람 모양으
로 자른 종이(어린이 수 X 2장), 사인펜, 투명 테이프

■ 활동방법 : 1) 선생님은 미리 커다란 집 모양의 종이에 예수님의 그림을 그려 놓습니다.
2) 어린이들에게 이야기의 등장 인물을 생각하게 합니다.

슬픈 장면   기쁜 장면

예) 아버지, 어린 소녀, 예수님, 친구 등

3) 이야기의 중요한 장면을 슬픈 장면과 기쁜 장면 두 가지로 나누어 생각해
봅니다.

4) 준비한 집 모양의 종이 2장을 벽에 붙이고 각각 장면 이름을 정합니다.(기쁜
장면, 슬픈 장면으로 표현, 또는 색으로 느낌을 표현할 수도 있습니다.)

5) 사람 모양의 종이를 어린이에게 두 장씩 나누어 주고 각각 기쁜 얼굴과 슬픈
얼굴을 그려서 장면에 맞는 집에 붙입니다.

6) 완성된 두 가지 벽화를 비교해 보면서 "하나님의 아들인 예수님만이 어린
소녀에게 생명을 되돌려 주실 수 있다."고 이야기를 마무리합니다.

➡ 간식　　　　어린이들의 영양을 고려한 간식을 준비합니다.

다함께 모여요

➡️ **대그룹 활동**

1. 찬양하는 어린이(탬버린으로 찬양하기)
- 활동목표 : 죽음을 이기신 예수님을 찬양하며 기뻐합니다.
- 준 비 물 : 소그룹 활동 2에서 만든 탬버린
- 활동방법 : 탬버린을 흔들면서 "할렐루 할렐루 할렐루야"나 "주 우리 아버지… 주께 찬송해 탬버린으로…", "나의 발은 춤을 추며" 등의 찬양을 다함께 합니다.

➡️ **마음에 새겨요** 회상하기 질문을 통해 어린이들은 오늘 배운 성경 말씀을 삶 속에서 적용할 수 있도록 도움 받을 수 있답니다.

- 어린 소녀를 다시 살리신 분은 누구신가요?
- 예수님은 놀라운 기적을 일으킬 수 있는 하나님의 아들인가요?
- 예수님이 우리들을 사랑하시고 돌보신다는 것을 믿나요?

➡️ **기   도** 죽은 사람도 살리시는 예수님을 알게 해 주셔서 감사해요. 예수님은 정말 대단하셔요. 큰 믿음을 갖게 해 주세요. 예수님의 이름으로 기도합니다. 아멘.

➡️ **광   고** 가정용 교재로 오늘 배운 성경 이야기를 집에서 복습하도록 광고해 주십시오.

➡️ **마침인사** 샬롬 노래를 부르며 집으로 돌아갑니다.
예수님에게 어린이들이 얼마나 중요한지 말해 주고, 어린이를 한 명씩 안아 주면서 "예수님은 너를 사랑하셔, ○○야."라고 속삭여 줍니다.

> 샬롬 샬롬 선생님 샬롬 샬롬 친구들
> 다음 주에 다시 만나 예배드리자
> 샬롬 샬롬 샬-롬

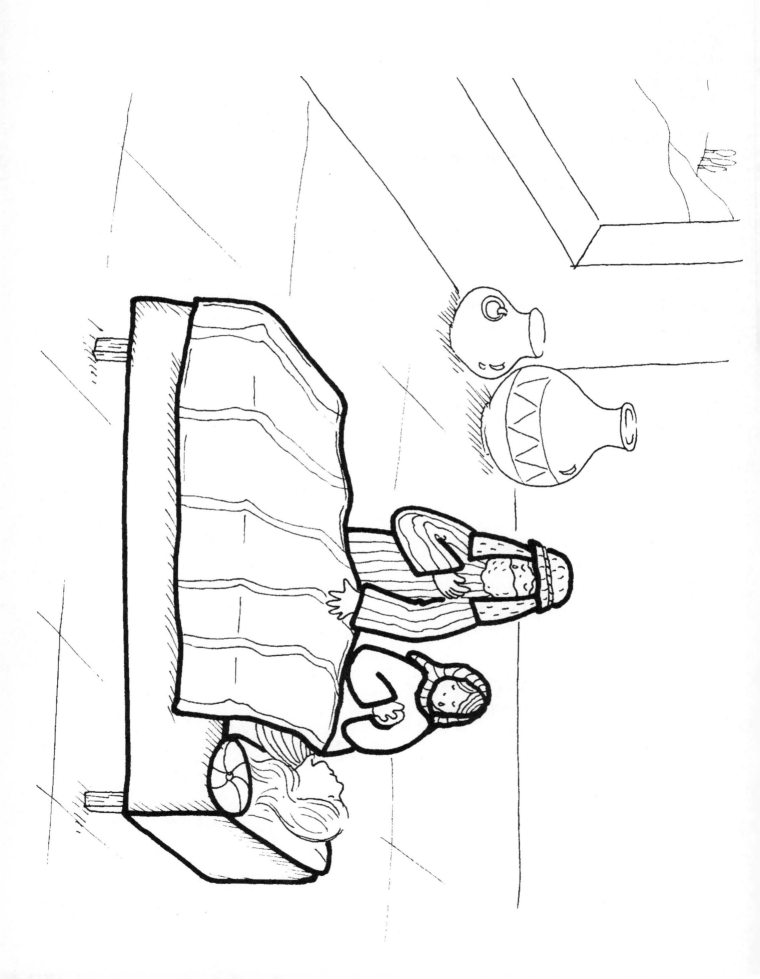

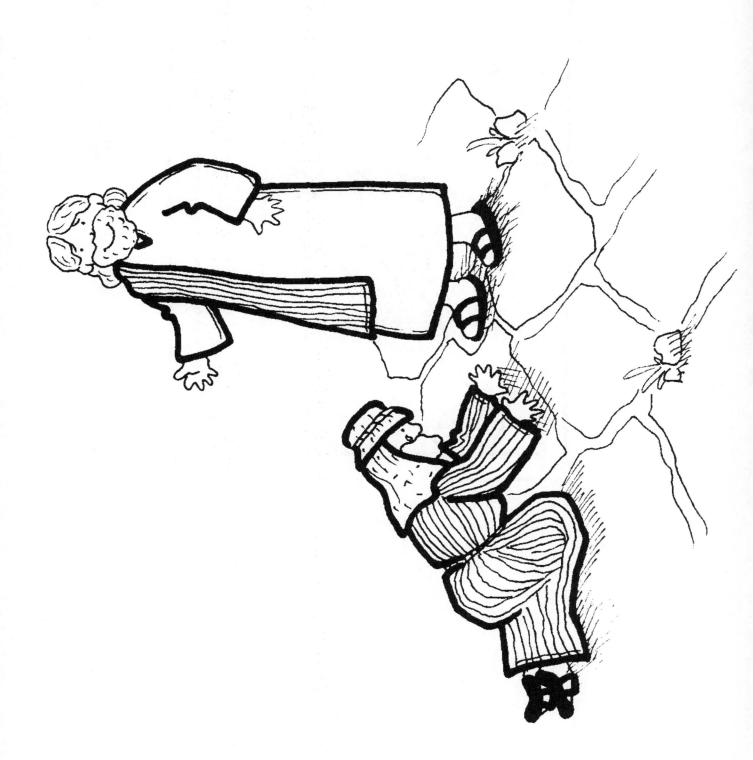

8 마리아와 마르다가 예수님에 대해 알게 되었어요

성 경	누가복음 10:38-42
암 송	여호와는 나의 목자시니 내게 부족함이 없으리로다(시편 23:1)
포인트	마리아와 마르다는 예수님의 말씀을 듣는 것이 얼마나 중요한지 알게 되었어요.

◎ 이 과의 목표

믿음의 성숙 (교사와 어린이)

• 하나님의 말씀인 성경을 소중하게 생각합니다.

• 예수님은 우리가 예수님의 말씀을 듣기 원하신다는 것을 깨닫습니다.

• 우리에게 성경을 주신 하나님을 찬양합니다.

성경에 대한 이해 (어린이)

• 마르다가 마리아에게 화난 이유가 무엇인지 이야기합니다.

• 예수님이 마리아의 선택에 대해 만족하신 이유가 무엇인지 생각해 봅니다.

믿음의 본보기 (교사)

성경을 통해 하나님의 말씀을 듣고자 하는 선생님 자신의 열의를 보여 주세요.

◎ 한눈에 보는 오늘의 예배

순 서	소요시간	활동계획
유치부에 왔어요	예배 전	반가워요 · 마음 열기
예배드려요	35-40분	찬양 · 기도 성경 봉독 · 성경 이야기
우리 반에 모여요	15-20분	출석 확인 · 이야기나누기 소그룹 놀이 활동(나도 마리아처럼 외 1 중 택일)
다함께 모여요	10분	대그룹 놀이 활동(잘 들을래요) 마음에 새겨요 · 광고 · 마침 인사

* 위의 순서는 각 교회학교의 사정에 따라 다르게 진행될 수 있습니다.

▣ 이 과를 준비하는 선생님들께

오늘의 성경 이야기는 예수님에 대해 아는 것도 중요하지만, 예수님의 말씀을 직접 배우는 것이 더 중요하다는 사실을 우리에게 가르쳐 줍니다.

마리아와 마르다는 예수님에 관해 모든 것을 알고 있었습니다. 그들과 그들의 형제 나사로는 예수님의 친구였습니다. 예수님이 예루살렘으로 오실 때면 자주 베다니 근처에 있는 그들 집에 머무셨습니다. 마르다와 마리아는 분명 예수님을 섬기기 위해 예수님을 따랐던(마태복음 27장 55절 참조) 여성들의 무리에 있었을 것입니다. 그러나 이 이야기에 보면 마리아는 예수님 발치에 앉아 제자로 교육받기를 원하기도 했습니다.

성경은 두 자매 중 누가 잘했다고 비교하지 않습니다. 마르다가 예수님을 섬긴 것이 잘못 되었다는 것이 아니라 마리아가 택한 길이 옳다는 이야기만 나와 있습니다. 예수님을 따르는 사람은 그의 말씀을 듣고 그의 이름으로 섬기는 것 등 두 가지 일을 모두 해야 합니다.

성경에 보면 마르다가 이 집의 여주인이라는 것을 알 수 있습니다. 부자였던 남편의 재산을 물려받은 과부인지, 아니면 장녀로서 살림을 꾸리는 것인지는 알 수 없습니다. 마리아는 마르다의 지시와 감독을 받는 동생임이 틀림없습니다.

그런데 마르다가 예수님과 그 제자들의 저녁을 준비하기 위해 분주할 때 마리아는 예수님 발치에 앉아 그의 말씀을 듣고 있었습니다. 여기서 랍비의 발치에 앉는 것이 제자들의 전통적인 자리였다는 사실을 아는 것

> 예수님에 대해 아는 것도 중요하지만, 예수님의 말씀을 직접 배우는 것이 더 중요합니다. 당시 여자는 예수님의 제자가 되어 그분으로부터 배울 자격이 없다는 생각을 예수님은 거부하셨습니다. "마르다야, 네가 많은 일로 염려하고 근심하는구나. 저녁 식사가 늦어지거나 네가 생각했던 만큼 맛있게 되지 않을 수도 있지만 그것은 중요하지 않아. 마리아는 내 이야기를 듣고 배우기 위해, 제자로서 발치에 앉아 내 말에 귀를 기울이고 있어. 마리아는 자기가 생각하는 가장 중요한 일을 택한 것이다."라고 예수님은 말씀하십니다.
> 예수님은 제자들에게 그가 행하는 기적이나 표적보다 예수님의 말씀이 더 중요하다고 가르치셨습니다.

이 중요합니다. 그 시대에 여자는 제자가 될 수 없었습니다. 그들은 배우는 것이 아니라 섬기는 자리에 있어야 했습니다. 마리아의 행동은 아주 이상하게 보였을 것입니다.

오늘날에도 사회에서의 지위를 교회에 그대로 투사하려는 경향이 있습니다. 또 같아야 한다고 생각하는 사람들도 있지요. 사회에서 힘 있는 사람은 교회에서도 그만한 도덕적 위치를 차지하려고 합니다. 교회에서의 위치가 사회에서와 다를 때 혼란스러워 하기도 합니다. 그러나 바울은 "너희는 유대인이나 헬라인이나 종이나 자유자나 남자나 여자나 없이 다 그리스도 예수 안에서 하나이니라"(갈라디아서 3장 28절)고 분명하게 이야기합니다. 달리 말하면 사회에서의 전형적인 역할이 그리스도의 몸(교회) 안에서는 의미가 없다는 것입니다.

우리는 예수님이 어린이들은 너무 어려 하나님 나라를 이해하지도 못하고, 믿지도 못하며, 그 일원이 되지도 못한다는 전형적인 생각을 거부하셨다는 것을 배웠습니다. 이번 과에서 우리는 여자는 예수님의 제자가 되어 그분으로부터 배울 자격이 없다는 생각 또한 예수님이 거부하셨다는 것을 알 수 있습니다.

마르다는 바쁘고 마음이 어지러웠습니다. 10여 명의 손님을 갑자기 맞았으니 그럴 수밖에요. 갑자기 손님들이 들이닥쳤을 때 배우자나 큰 아이에게 "손님하고 그만 잡담하고 좀 도와줄 수 없어요?"라고 요구하는 상황을 쉽게 상상할 수 있겠지요?

그러나 마르다는 "좀 도와줘."라고 마리아에게 가만

히 이야기하는 대신 예수님을 찾아 사람들이 모두 있는 데서 말씀하셨습니다. 마르다는 분명 마리아가 이상한 행동을 하고 있고, 예수님이 잘못된 것을 부추긴다고 느꼈을 것입니다. 그런 의미에서 마르다는 예수님을 공공연히 비난하는 것입니다. 그녀는 예수님께 "내 동생이 나 혼자 일하게 두는 것을 생각지 아니하시나이까"라고 묻습니다. 모든 사람 앞에서 예수님을 향해 의문을 제기하는 거리낌 없고 대담한 모습이 성경에 등장하는 경우는 거의 없습니다.

그런데 예수님의 대답은 친절하고 부드럽습니다. 애정 어린 표시로 예수님은 "마르다야, 마르다야."라고 그의 이름을 연거푸 부릅니다. 그러면서도 마리아를 옹호합니다. "마르다야, 네가 많은 일로 염려하고 근심하는구나. 저녁 식사가 늦어지거나 네가 생각했던 만큼 맛있게 되지 않을 수도 있지만 그것은 중요하지 않아. 마리아는 내 이야기를 듣고 배우기 위해, 제자로서 발치에 앉아 내 말에 귀를 기울이고 있어. 마리아는 자기가 생각하는 가장 중요한 일을 택한 것이다."라고 말씀하십니다.

예수님은 제자들에게 그가 행하는 기적이나 표적보다 예수님의 말씀이 더 중요하다고 가르치셨습니다. 예수님의 말씀은 하나님 나라의 열쇠입니다. 마리아는 옳은 선택을 한 것이지요.

한 가지에 몰두하는 것이 어떤 것인지 어린이들은 알고 있습니다. 어린이들이 놀거나 무슨 일을 하고 있을 때를 지켜보면 그 순간, 그 어린이에게는 이 세상이 모두 사라진 것 같습니다. 대부분의 어른들과는 달리 어린이들은 갖가지 의무에 마음을 뺏기지 않습니다. 그 대신 어린이들이 오랫동안 집중하기를 기대할 수는 없습니다.

만약 여러분이 아주 짧은 시간이라도 어린이들로 하여금 예수님의 말씀에 진정으로 귀 기울이게 할 수 있다면 많은 것을 얻을 수 있을 것입니다. 지금부터 선생님 반의 어린이들을 예수님의 제자로 성장시키기를 원합니다.

유치부에 왔어요

➡ **반가워요** 입구에서 부모님과 떨어져서 예배드리지 않겠다고 떼 쓰는 어린이가 있나요? 먼저 그 어린이의 마음에 공감해 주세요. "선생님이 ○○을 얼마나 기다렸는데……. 오늘은 엄마와 같이 있고 싶은 가 보구나."라며 교사의 따뜻한 마음을 표현해 주세요. 무조건 떼어놓기 보다는 어린이의 마음이 편안해지도록 부모와 함께 예배실에 들어와서 예배를 기다리게 하는 것도 좋습니다.

선생님, 잠깐만요!

"○○야, 예배 안 드리면 예수님이 싫어하셔. 혼자 예배 안 드리려고 하는 것을 보니 ○○이 아직 아기네" 등의 표현은 어린이들을 위축시키고 죄책감을 느끼게 할 수 있습니다.

➡ 마음 열기　　큰 성경이 있다면 어린이들 앞에 펼쳐 보이고 이 안에 하나님의 귀한 말씀이 있다고 말해 줍니다. 그리고 예수님이 우리가 어떤 일을 할 때 가장 기뻐하실지 여러 예를 들면서 이유를 함께 생각해 보도록 합니다(예: 청소 열심히 하기, 음식 만들기, 말씀 듣기, 주머니에 장난감 가지고 와서 다른 생각하기).

 예배 드려요

➡ 찬　　양　　"예수님이 말씀하시니"
　　　　　　　　"쫑긋 쫑긋 두 귀로"
　　　　　　　　"예수님의 사랑 신기하고 놀라와"

➡ 기　　도　　사랑의 하나님, 예수님을 더 많이 알고 싶어요. 이 시간 우리들이 예수님을 만날 수 있도록 도와주세요. 우리 예배를 받아 주세요. 예수님의 이름으로 기도합니다. 아멘.

➡ 성경봉독　　이것은 성경(두 손을 모읍니다.)　　　　　　　활짝 펴요.(책을 펴듯이 펼칩니다.)
누가복음 10장 38-42절 말씀.　　예수께서 제자들과 함께 길을 가다가 한 마을에 이르시니 마르다라는 여인이 예수를 집으로 모셨습니다. 마르다에게는 마리아라는 동생이 있었습니다. 그 동생은 주의 발 앞에 앉아 예수께서 하시는 말씀을 듣고 있었습니다. 그러나 마르다는 여러 가지 접대하는 일로 정신이 없었습니다. 그래서 마르다가 예수께 다가와 말했습니다. "주여, 제 동생이 저한테만 일을 떠맡겼는데 왜 신경도 안 쓰십니까? 저를 좀 거들어 주라고 말씀해 주십시오!" 주께서 대답하셨습니다. "마르다야, 마르다야, 너는 많은 일로 염려하며 정신이 없구나. 그러나 꼭 필요한 것은 한 가지뿐이다. 마리아는 좋은 것을 선택했으니 결코 빼앗기지 않을 것이다."

➡ 들어가기　　성경을 편 후 마리아와 마르다 이야기가 어디에 나오는지 보여 주고(누가복음 10장 38-42절), 마리아와 마르다 인형을 보여 줍니다. 두 사람은 언니, 동생 사이이며, 한 사람은 음식을 만드는 집안일 하는 것을 좋아하고, 다른 한 사람은 예수님의 말씀 듣는 것을 좋아한다고 이야기합니다. 예수님을 집으로 초대하고 일어난 일이라고 이야기합니다.

○ 성경 이야기

어느 날, 예수님과 그의 제자들이 베다니라는 곳으로 가게 되었어요. 그곳에서 하나님의 말씀을 가르치고, 병을 치료하고, 수많은 사람들과 함께 있으면서 바쁜 하루를 보낸 후 예수님은 친구들이 있는 집에서 쉬기로 하셨어요.

그 작은 마을에는 마리아와 마르다라는 두 자매와 남자 형제인 나사로가 함께 살고 있었어요. 예수님은 그들의 집을 즐겨 찾아가셨습니다. 예수님은 마리아와 마르다, 그리고 나사로의 정말 좋은 친구였지요. 마리아는 예수님이 오시는 것이 기뻤어요. 마르다도 마찬가지였지요.

마르다는 예수님을 맞을 준비를 해야 했어요. 마르다는 저녁 준비를 위해 시장을 보러 갔어요. 마르다는 빵을 굽고, 요리하고, 예수님 오실 것을 준비하면서 하루를 보냈어요. 해야 할 일이 너무 많았어요!

마리아도 예수님의 방문을 준비하고 있었어요! 그러나 언니와는 방법이 달랐죠. 마리아는 예수님이 하시는 모든 말씀을 들을 준비를 하고 있었어요. 마리아는 그분이 하시는 말씀을 놓치지 않고 듣기 위해 그분 옆에 앉아 있는 것을 좋아했어요. 하나님에 관한 굉장한 일들이나 우리에 대한 하나님의 약속 등 예수님께로부터 배울 것이 너무 많았어요. 마리아는 한 마디도 놓치고 싶지 않았어요!

예수님이 마르다와 마리아의 집에 도착했을 때 마르다는 웃으면서 맞이했어요. 마르다는 좋은 친구를 다시 만나게 된 것이 기뻤고, 그를 위해 저녁을 준비하는 것도 즐거웠어요. 마르다는 일 때문에 서둘러 부엌으로 돌아갔지요.

마리아도 예수님을 만나서 기뻤어요. 마리아는 곧장 마룻바닥, 예수님 발치에 앉아 말씀을 들었어요. 언제나처럼 예수님은 하나님에 대해 마리아에게 많은 이야기를 해 주셨지요. 마리아는 저녁때가 거의 다 되었다는 것도 잊어 버렸어요. 배고픔조차 느낄 수가 없었어요. 마리아에게 예수님의 말씀을 듣는 것보다 중요한 일은 없었기 때문이에요!

마르다는 다른 일로 근심이 많았어요. 처음에는 마르다도 예수님 말씀을 들으려 했지만, 저녁을 만드느라 너무 바빴어요. 매번 해야 할 일이 생각났고, 듣는 것을 멈춰야 했지요. 얼마 되지 않아 바쁜 마르다는 조금씩 동생 마리아에 대해 화가 나기 시작했어요. '마리아는 왜 저녁 준비를 돕지 않는 거지? 마리아는 왜 앉아서 예수님 말씀만 듣고 있지?'

결국 바쁘고 화가 난 마르다는 예수님이 말씀하시는 중간에 이렇게 말했습니다. "예수님, 내가 이 모든 일을 혼자 다 하는데도 상관하지 않으십니까? 마리아는 전혀 도와주지 않잖아요! 아무것도 하지 않는 저 아이에게 나를 좀 도와달라고 말씀해 주세요!"

예수님은 말씀을 멈추고 마리아와 마르다를 바라보며 웃으셨습니다. 예수님은 마리아를 보고 다시 마르다를 바라보셨습니다. 예수님은 마르다와 또 마르다가 열심히 일하는 모습을 좋아하셨습니다. 그러나 예수님은 고개를 저으며 "마르다야, 마르다야."라고 부르셨습니다.

"너는 많은 일들 때문에 걱정하고 있구나. 그러나 우리가 함께 있을 때는 내 이야기를 듣는 것이 가장 중요하단다. 마리아는 자기가 생각하는 가장 중요한 일을 택한 것이구나. 그러니 마리아가 내 옆에서 말씀 듣는 것을 그대로 두도록 해라."

마리아와 마르다는 무엇이 중요한지를 배웠어요. 마르다가 하는 일도 소중하고 중요한 일이지만 우리가 해야 할 가장 중요한 일은 예수님의 말씀을 듣는 일이예요. 예수님은 우리가 예수님의 말씀에 귀 기울이기를 원하신답니다.

 ## 우리 반에 모여요

➡️ **출석 확인** 어린이들이 자신의 출석표에 표시하도록 시간을 주십시오.

➡️ **이야기 나누기** 하나님의 말씀을 다시 한 번 생각하며 이해하도록 돕는 질문들입니다. 이 질문들을 어린이들과 나누면서 어린이들 스스로 말씀을 생각하고 느끼게 합니다.

■ 준 비 물 : 가정용 교재 62~63쪽
가정용 교재의 그림을 보면서 질문을 나누세요.

• 누가 예수님을 위해 저녁 식사를 준비했나요?
• 누가 예수님 말씀 듣는 것을 좋아했나요?
• 예수님이 우리집에 오셨다면 나는 무엇을 하고 있었을까요?
• 예수님은 무엇이 중요하다고 하셨나요?
• 예수님과 이야기를 나눈다면 어떤 질문을 하고 싶은가요?
• 어떻게 하면 예수님 말씀을 잘 들을 수 있을까요?
• 오늘 여기에서 예수님 말씀을 듣는 사람은 누구인가요?(서로를 가리킨다).

➡️ **소그룹 활동**

1. 나도 마리아처럼(색칠하기)

■ 활동목표 : 예수님의 말씀을 귀 기울여 듣습니다.
■ 준 비 물 : 교회학교용 교재 13쪽, 색연필
■ 활동방법 : 1) 그림을 보며 이야기를 나눕니다.
　　　　　　2) 자신의 모습을 색칠하고 선을 따라 접으면 예수님과 이야기 나누는 장면이 됩니다.

3) 예수님은 내게 어떤 말씀을 하실지, 나는 예수님께 어떤 이야기를 하고 싶은지 생각해 보고 친구들과 이야기를 나눕니다.

 나는 예수님 말씀을 들을래요!

2. 내가 가장 드리고 싶은 것은?

■ 활동목표 : 예수님을 사랑하는 마음을 표현합니다.
■ 준 비 물 : 신문 또는 잡지, 전지, 풀, 가위, 색연필, 스티커
■ 활동방법 : 1) 우리에게 생명을 주신 예수님께 감사하는 마음으로 멋진 선물을 드리자고 합니다.
　　　　　　2) 예수님께 드리고 싶은 선물을 잡지나 신문에서 찾아 오립니다. 적당한 것을 찾지 못한다면 그림으로 그려도 좋습니다.
　　　　　　3) 도화지에 그려져 있는 바구니 위에 준비한 선물을 붙입니다.
　　　　　　4) 선물이나 바구니를 스티커로 멋지게 꾸밉니다.
　　　　　　5) 선물 바구니에 이름을 씁니다.
　　　　　　6) 벽면에 전지를 붙이고 어린이들이 준비한 선물 바구니를 붙인 후 바구니 위에 크게 "생명을 주신 예수님, 감사해요"라고 쓰고 함께 읽어 봅니다.

➡ 간식

어린이들의 영양을 고려한 간식을 준비합니다.
오늘 간식 시간에는 식빵 꾸미기를 해 봅니다. 마르다가 했던 것처럼 가족과 친구들을 위해 음식을 준비하고 함께 즐기는 것은 좋은 일이라고 말하세요. 그러나 마리아와 우리가 했던 것처럼 예수님의 말씀을 듣는 것은 우리가 할 수 있는 가장 중요한 일이라고 이야기해 줍니다. (준비물 : 식빵, 잼, 다양한 색깔의 새알 초콜릿, 접시)

다함께 모여요

➡️ **대그룹 활동**

1. 잘 들을래요(귓속말로 문장 전달하기 게임)

■ 활동목표 : 말씀을 듣는 것이 얼마나 중요한지 깨닫습니다.

■ 활동방법 A

1) 어린이의 연령과 훈련 정도에 맞는 성경 구절을 준비합니다.

2) 한 팀에 4~5명이 되도록 팀을 나눕니다.

3) 성경 구절이 길 경우 적당한 길이로 잘라 각 팀 1번 주자에게 전달합니다.

4) 귓속말로 계속 전달하게 하고 맨 뒷사람이 발표하게 합니다.

5) 예수님의 말씀을 듣는 것이 얼마나 중요한지 다시 한 번 이야기하고

마무리합니다.

■ 활동방법 B

1) 어린이의 연령과 훈련 정도에 맞는 성경 구절을 준비합니다.

2) 사회자는 아주 작은 목소리로 입 모양을 정확하게 해서 성경 구절 또는 단어를 말합니다.

3) 무슨 말인지 알아들은 어린이는 손을 들어 표시하게 하고 대부분의 어린이가 알아들을 수 있도록 몇 번 더 반복합니다.

4) 들은 성경 구절 또는 단어를 다함께 외쳐 봅니다.

5) 예수님의 말씀을 듣는 것이 얼마나 중요한지 다시 한 번 이야기하고 마무리합니다.

➡️ **마음에 새겨요** 회상하기 질문을 통해 어린이들은 오늘 배운 성경 말씀을 삶 속에서 적용할 수 있도록 도움받을 수 있답니다.

- 마리아가 좋아한 일은 무엇인가요?
- 예수님에게 소중했던 일은 무엇이었나요?
- 마리아처럼 예수님의 말씀을 듣는 것을 소중히 생각할 수 있나요?
- 함께 외쳐볼까요? "예수님, 사랑해요! 말씀을 사랑해요!"

➡️ **기 도** 말씀을 배우는 것이 너무 중요하다는 것을 알게 해 주셔서 감사해요. 하나님 말씀을 들을 때마다 열심히 노력할 수 있게 도와주세요. 예수님의 이름으로 기도합니다. 아멘.

➡️ **광 고** 가정용 교재로 오늘 배운 성경 이야기를 집에서 복습하도록 광고해 주십시오.

➡️ **마침인사** 샬롬 노래를 부르며 집으로 돌아갑니다.

샬롬 샬롬 선생님 샬롬 샬롬 친구들
다음 주에 다시 만나 예배드리자
샬롬 샬롬 샬-롬

9 나사로는 예수님에 대해 알게 되었어요

성 경	요한복음 11:1-46
암 송	여호와는 나의 목자시니 내게 부족함이 없으리로다(시편 23 : 1)
포인트	예수님은 슬퍼하는 사람들을 돌보십니다.

◎ 이 과의 목표

믿음의 성숙 (교사와 어린이)

• 죽은 나사로를 살리신 예수님의 방법에 대해 놀라워합니다.

• 우리가 슬픔을 느낄 때 예수님도 슬퍼하신다는 것을 깨닫습니다.

• 우리가 슬플 때 예수님께 말씀드릴 수 있습니다.

성경에 대한 이해 (어린이)

• 마리아와 마르다가 왜 슬퍼했는지 말할 수 있습니다.

• 예수님께서 마리아와 마르다를 돕기 위해 어떻게 하셨는지 이야기합니다.

• 슬픔을 느낄 때 누군가에게 말했던 경험이 있다면 이야기해 봅니다.

믿음의 본보기 (교사)

선생님께서 예수님으로부터 위로 받았던 경험을 아이들에게 이야기해 주세요.

◎ 한눈에 보는 오늘의 예배

순 서	소요시간	활동계획
유치부에 왔어요	예배 전	반가워요 · 마음 열기
예배드려요	35-40분	찬양 · 기도 성경 봉독 · 성경 이야기
우리 반에 모여요	15-20분	출석 확인 · 이야기나누기 소그룹 놀이 활동(나사로가 살아났어요 외 2 중 택일)
다함께 모여요	10분	대그룹 놀이 활동(함께 외쳐요) 마음에 새겨요 · 광고 · 마침 인사

＊ 위의 순서는 각 교회학교의 사정에 따라 다르게 진행될 수 있습니다.

📖 이 과를 준비하는 선생님들께

이번 과의 기초를 이루는 내용은 예수님이 친구인 나사로를 죽음에서 일으키신 이야기입니다. 나사로의 죽음을 슬퍼하는 누이들과 친구들에 대한 예수님의 연민은 분명 이 이야기의 중요한 측면이고, 또 아이들에게 들려줄 수 있는 유일한 부분이기도 합니다. 그러나 잊지 말아야 할 것은 이 이야기는 훨씬 더 큰 이야기의 작은 한 부분에 불과하다는 것입니다.

이 이야기의 앞부분을 읽으면서 우리는 의문을 가지게 됩니다. 왜 예수님은 곧장 베다니로 가려 하지 않으셨을까요? 왜 예수님은 빨리 가서 나사로를 치료하지 않으셨을까요? 헤롯 왕궁에서 일하는 관리의 아들에게 했듯이 멀리에서라도 나사로를 치료하실 수 있지 않았을까요?

이런 의문을 가질 때 예수님이 판단을 잘못하셨거나 실수하신 것처럼 생각되기도 합니다. 우리 생각에 너무 어리거나 죄 없이 죽은 사람을 볼 때도 똑같은 의문이 일어납니다. 왜 하나님께서 능력과 자비로 이들을 살리시지 않으셨을까 하는 의문입니다.

어린이들이 이런 질문을 할까요? 아마 그렇지는 않겠지만, 선생님의 마음에는 이런 의문이 일어날 것입니다. 이런 질문을 받을 때 어떻게 대답해야 할지 골똘히 생각하게 될 것입니다.

성경에 보면 이 위대한 기적은 아버지 하나님께서 예수님께 지시하신 것입니다. "이 병은… 하나님의 영광을 위함이요"(요한복음 11장 4절)라고 예수님이 말씀하신 것에 주목하기 원합니다. 예수님이 무엇이든 하나님께 구하고, 또 구하는 대로 받는 것을 보여 주기 위함이었습니다(요한복음 11장 22절). 그것은 또 "둘러선 무

유대인들은 기적을 원했습니다. 그러나 예수님은 그들에게 자신을 영생을 주기 위한 하나님의 선물로 받아들이라고 주장하십니다. 예수님은 곧 생명이시라는 기본적인 등식을 어린이들이 이해할 수 있도록 도와주십시오. 예수님은 나사로의 죽음에 대해 그들과 함께 슬퍼하며 눈물을 흘리기까지 하셨습니다. 그러나 연민만 보이신 것이 아니라 나사로의 생명을 살리심으로써 슬픔의 원인을 제거하셨습니다.

리를 위하여, 아버지(하나님)께서 나(예수님)를 보내신 것을 그들이 믿게 하려"(요한복음 11장 41-42절) 함이었습니다. 예수님은 하나님 아버지로부터 온 가르침을 전하시려는 것처럼 보입니다.

이 가르침은 무엇입니까? 예수님은 부활이요 생명이며, 또한 언젠가 오실 분이 아니라 지금 존재하는 분이라는 진리입니다. 이것은 진정한 믿음에 대한 가르침입니다. 마르다와 마리아는 모두 예수님을 하나님의 아들로 섬겼습니다. 그러나 그들도 예수님이 미래의 메시아가 아니라 현재 활동하시는 메시아라는 사실을 배워야 했습니다. 죽음도 그에게 대적할 수 없었습니다. 제자들은 예수님과 함께 죽을 준비가 되어 있었지만, 그와 함께 사는 것도 배워야 했습니다.

영원한 생명을 주는 존재로서 예수님의 모습은 앞에서도 언급했습니다. 유대인들은 기적을 원했습니다. 그러나 예수님은 그들에게 자신을 영생을 주기 위한 하나님의 선물로 받아들이라고 주장하십니다.

선생님 반의 어린이들이 다음의 기본적인 등식을 깊이 이해할 수 있도록 도와주십시오.

예수님=생명

예수님은 곧 생명이십니다.

누군가 아프거나 죽어 갈 때만 우리가 예수님께 의지하는 것은 아닙니다. 오히려 예수님은 진정한 삶의 열쇠입니다. 다음와 같이 비교해 볼 때 이 부분을 어린이들에게 더 명확하게 알려줄 수 있을 것입니다.

- 건강 ←····→ 질병
- 기쁨 ←····→ 슬픔
- 강함 ←····→ 약함
- 행복 ←····→ 불행
- 삶 ←····→ 죽음

이제 어린이들에게 예수님은 항상 건강과 행복과 삶 편에 계시다고 말씀하기 원합니다. 그것은 예수님이 슬픔을 몰아내신다는 뜻입니다. 마르다와 마리아는 나사로의 죽음으로 슬퍼했습니다. 예수님도 그들과 함께 슬퍼하며 눈물을 흘리기까지 하셨습니다. 그러나 예수님은 연민만 보이신 것이 아닙니다. 예수님은 나사로의 생명을 살리심으로써 슬픔의 원인을 제거하셨습니다. 그러므로 여러분은 예수님이 우리에게 삶과 기쁨, 평화를 주신다는 행복한 이야기로 이번 성경 공부를 마칠 수 있습니다.

 ## 유치부에 왔어요

▶ **반가워요** 봄방학 중이거나, 유치원 입학을 기다리고 있는 어린이가 있다면 격려하며 환영합니다. "곧 봄이 오면, 새로운 반에서 새 친구들을 만나겠구나! ○세 반 어린이답게 멋진 모습으로 예배 드리자!"라고 격려합니다.

▶ **마음 열기** 나사로를 살리신 내용이 담긴 성경 동화책을 준비하여 어린이들이 볼 수 있도록 합니다. 가족이 죽어서 슬퍼하던 사람들에게 예수님이 기쁨을 안겨 주신 것을 배우게 될 것이라고 일러 줍니다.

 ## 예배 드려요

▶ **찬   양** "나 때문에 우리 예수님"
"예수님이 말씀하시니"

▶ **기   도** 사랑의 하나님, 예수님을 더 많이 알고 싶어요. 이 시간 우리들이 예수님을 만날 수 있도록 도와 주세요. 우리 예배를 받아 주세요. 예수님의 이름으로 기도합니다. 아멘.

▶ **성경봉독**　　이것은 성경(두 손을 모읍니다.)　　　　　활짝 펴요.(책을 펴듯이 펼칩니다.)

요한복음 11장 41-44절 말씀.　사람들은 돌을 옮겨 놓았습니다. 예수께서 하늘을 우러러 보시고 말씀하셨습니다. "아버지여, 아버지께서 내 말을 들어주신 것을 감사드립니다. 아버지께서는 언제나 내 말을 들어주신다는 것을 내가 압니다. 그러나 지금 이렇게 말하는 것은 여기 둘러 서 있는 사람들을 위해서입니다. 아버지께서 나를 보내셨다는 것을 그들로 하여금 믿게 하려는 것입니다." 예수께서 이렇게 말씀하시고 큰 소리로 외치셨습니다. "나사로야! 나오너라!" 죽었던 나사로가 나왔습니다. 그의 손발은 베에 감겨 있었고 얼굴은 천으로 싸여 있었습니다. 예수께서 그들에게 말씀하셨습니다. "그를 풀어 주어 다닐 수 있게 하라."

▶ **들어가기**　　오늘 성경 이야기를 시작하면서 슬픈 표정의 마리아 가면을 얼굴에 쓰십시오. "나는 마리아예요. 아주 슬프고 속 상해요. 흑흑흑" 왜 마리아가 슬픈 표정을 짓고 눈물을 흘리고 있는지 아이들에게 물어봅니다. 이제 어린이들에게 성경에서 마리아의 이야기가 나오는 부분(요한복음 11장)을 보여 주고 왜 마리아가 슬퍼하는지 생각하면서 이야기를 들어보라고 합니다.

> **선생님, 잠깐만요!**
>
> 슬픈 표정과 기쁜 표정이 앞뒤로 그려져 있는 가면을 이용해 마리아의 이야기를 들려줍니다(가운을 입거나 머리에 너울을 써도 좋습니다).

♡ 성경 이야기

(슬픈 얼굴 표정의 마리아 가면을 쓰고) 안녕하세요? 나는 마리아예요. 오늘 여러분에게 제가 들려줄 이야기가 있어요. 진짜 있었던 이야기지요. 슬픈 이야기 같다고요? 맞아요. 내 얼굴에서 슬픈 표정을 보았군요. 그러나 슬픈 이야기만은 아니라는 것을 알고 나면 기뻐할 거예요. 끝까지 이야기를 잘 들어보세요!

내가 이렇게 슬픈 건 우리 오빠 나사로가 병이 들었는데, 날이 갈수록 점점 더 병이 심해지고 있기 때문이에요. 언니인 마르다와 나는 오빠를 회복시키기 위해 모든 일을 다 했어요. 예수님께 빨리 와 달라고 사람을 보내기까지 했어요. 우리 예수님은 오빠 나사로의 병을 고칠 수 있는 분이시잖아요. 나는 그 사실을 알고 있었어요.

그러나 예수님은 기다리고 기다려도 오시지 않았고, 나사로 오빠도 회복되지 않았어요. 오히려 점점 더 많이 아파졌어요. 언니와 나는 나사로 오빠 침대 옆에 앉아 오빠를 지켜보며 예수님을 기다리며 기도했지만, 오빠는 결국 죽고 말았답니다. 흑흑흑 친구들이 와서 우리와 함께 울어 주며 오빠를 무덤에 장사지내는 일을 도와주었어요.

며칠이 지났지만 우리는 오빠 때문에 여전히 슬퍼하고 있었어요. 여러분도 오빠가 있다면 우리가 얼마나 슬펐을지 상상할 수 있을 거예요. 우리는 오빠가 너무 그리웠고 '오빠가 우리 옆에서 웃고 이야기할 수 있었으면…….' 하고 생각했어요. 친구들은 우리를 위로하기 위해 계속 우리와 함께 있었지요. 그러나 그들 또한 눈물을 계속 흘리고 있었어요. 눈물을 흘리고 있을 때 친구가 우리 집 문을 두드렸어요. "예수님이 오고 계셔. 주님이 여기 오신다고!" 문 밖에서 친구가 소리쳤어요.

마르다 언니는 눈물을 닦을 틈도 없이 예수님을 찾아 집 밖으로 뛰어 나갔어요. 그러나 나는 나가지 않았어요. '예수님께서 왜 좀 더 일찍 오셔서 오빠의 병을 고쳐 주지 않으셨을까? 우리가 슬퍼한다는 것을 모르셨을까? 아니면 예수님은 우리를 사랑하지 않으셨던가?' 하고 생각하고 있었어요. 바로 그때 마르다 언니가 뛰어 들어와 예수님이 나를 찾으신다고 말했어요.

나는 눈물을 닦으며 예수님께로 갔어요. 예수님의 얼굴을 보자 예수님도 우리와 함께 슬퍼하신다는 것을 알게 되었어요. 그리고 예수님의 뺨을 타고 내려오는 눈물도 보았지요. 예수님은 울고 계셨어요. "나사로를 어디에 두었느냐?" 예수님은 부드럽게 물으셨어요. 그리고 예수님은 나사로의 무덤까지 우리를 따라 오셨어요.

예수님은 나사로의 무덤가에 서서 조용히 눈물 흘리셨어요. 예수님이 우리에게 무덤을 열라고 하셨을 때 우리는 정말 깜짝 놀랐지만 시키시는 대로 했어요.

그러자 예수님은 정말 놀라운 일을 행하셨어요. 예수님은 하늘을 올려다보고 하나님께 기도하셨지요. "아버지여, 내 말을 들으신 것을 감사하나이다. 항상 내 말을 들으시는 줄 내가 알았나이다. 그러나 이 말씀을 드리는 것은 여기 둘러선 이 사람들에게 아버지께서 나를 보내신 것을 저희로 믿게 하려 함이니이다."

그리고 죽어서 장사지내고 무덤에 있은 지 나흘이나 지난 나사로 오빠를 부르셨어요.

"나사로야, 나오너라!"

우와, 기적이 일어났어요! 죽었던 우리 오빠가 살아났어요. 여기에서 내 이야기는 행복한 이야기로 바뀌었지요! (가면을 돌려 기쁜 표정이 되게 한다.)

정말 우리 오빠 나사로가 서 있었어요. 죽은 나사로 오빠가 건강한 모습으로 살아난 거예요! 사람들의 표정이 어떻게 되었을지 상상할 수 있나요? 사람들은 깜짝 놀라는 표정을 짓다 기쁨으로 서로를 얼싸안으며 소리쳤지요! 커다란 기쁨이 사람들 사이로 퍼져 나갔어요.

그날 무덤에 있던 사람들이나 후에 그 이야기를 들은 사람들은 예수님이 정말 하나님의 아들이시라는 것을 알게 되었어요. 오직 하나님만이 그런 권세 있고 놀라운 일을 행하실 수 있으니까요!

이야기를 마치기 전 여러분에게 내가 느꼈던 또 다른 느낌을 이야기할게요. 그건 바로 감사함이에요! 나의 슬픔을 돌아보시고 나와 마르다 언니에게 나사로 오빠를 다시 보내 주신 하나님께 어떻게 감사드려야 할까요? 우리를 돌보시는 하나님, 감사합니다! 슬픈 사람들에게 찾아오셔서 위로해 주시는 하나님의 아들, 우리 예수님, 정말 정말 감사합니다!

우리 반에 모여요

➡ **출석 확인**　어린이들이 자신의 출석표에 표시하도록 시간을 주십시오.
　　　　　　　　　인물 표정 스티커를 나눠 주는 것도 좋은 방법입니다.

➡ **이야기 나누기**　하나님의 말씀을 다시 한 번 생각하며 이해하도록 돕는 질문들입니다. 이 질문들을 어린이들과
　　　　　　　　　나누면서 어린이들 스스로 말씀을 생각하고 느끼게 합니다.
　　　　　　　　　어린이들이 직접 마리아가 되어 질문에 답하게 합니다. 돌아가면서 마리아 가면을 쓰고 질문에
　　　　　　　　　대답하며 가면의 어느 면을 써야 할지 결정하게 합니다. 선생님이 각 반 상황에 맞게 질문을 활
　　　　　　　　　용해 보세요.

　　　　　　　• 마리아, 오빠가 병들기 전 건강하게 살아 있을 때 기분이 어땠나요?
　　　　　　　• 마리아, 나사로 오빠가 점점 병이 심해져 약해지는 것을 볼 때 기분이 어땠나요?
　　　　　　　• 마리아, 나사로 오빠가 죽었을 때 마음이 어땠나요?
　　　　　　　• 마리아, 예수님이 오빠가 이미 죽은 뒤에 오셨는데, 그때 어떤 기분이었나요?
　　　　　　　• 마리아, 예수님이 우시는 것을 보았을 때 기분이 어땠어요?
　　　　　　　• 마리아, 예수님이 마리아를 사랑하고 돌보신다는 것을 알았을 때 어떤 느낌이 들었나요?
　　　　　　　• 마리아, 예수님이 나사로 오빠를 다시 살리셨을 때 어떤 기분이었나요?
　　　　　　　• 마리아, 친구들이 예수님을 믿게 된 것을 보고 어떤 생각을 했나요?

 선생님, 잠깐만요!

어린이가 가면으로 마리아의 감정을 표현할 때, 다른 친구들도 같은 생각인지 물어봅니다. 마리아
와 다른 사람들이 경험한 다양한 감정들에 대해 함께 이야기합니다. 예수님은 사람들의 슬픔에
아파하시고 사람들이 울 때 함께 우시는 분임을 강조합니다.

➡ **소그룹 활동**

1. 나사로가 살아났어요(세마포 풀기)

　■ 활동목표 : 예수님은 생명을 주시는 분임을 압니다.

　■ 준 비 물 : 교회학교용 교재 15쪽, 풀

　■ 활동방법 : 1) 그림을 떼어 풀칠 표시된 부분을 붙입니다.

　　　　　　　2) 나사로를 넣고 세마포 조각을 하나씩 돌려 접어
　　　　　　　　감쌉니다.

　　　　　　　3) 세마포 조각을 하나씩 풀며 외칩니다.

　　　　　　　"△△을 버리고 나사로야 일어나라!"

　　　　　　　(슬픔, 아픔, 죽음, 무서움, 외로움)

4) 세마포를 다 풀면 나사로를 살아난 모습으로 바꾸며 외칩니다.
   "예수님은 나사로를 살려 주셨어요!"

 예수님은 나사로를 살려 주셨어요! 예수님은 슬픔을 없애 주세요!

2. 휴대폰 만들기
- 활동목표 : 우리의 마음을 예수님께 전합니다.
- 준 비 물 : 요구그트병, 실, 송곳, 투명 테이프
- 활동방법 : 1) 선생님이 요구르트 빈 통 두 개의 밑부분을 송곳으로 뚫은 후 실을 꿰어
  요구르트 병 두개를 연결합니다.
  2) 휴대폰을 원하는 모양대로 꾸며서 요구르트 병 양쪽에 붙이는데 이 때
  한쪽은 예수님의 얼굴 모양을 붙이고, 한쪽은 자신의 얼굴 모양을 붙입니다.
  3) 양쪽에 있는 휴대폰 중에 예수님 쪽은 선생님이, 다른 쪽은 어린이가 전화를
  겁니다. 이때 어린이는 예수님께 하고 싶은 이야기를 전화에 대고
  이야기합니다.

3. 죽은 나사로가 살아났어요(움직이는 무덤)
- 활동목표 : 성경 이야기를 회상하며 예수님의 놀라운 능력에 감탄합니다.
- 준 비 물 : 도화지, 두꺼운 도화지, 실, 예수님과 나사로(붕대를 온몸에 감은 모습) 모양의
  종이, 테이프, 색연필, 사인펜
- 활동방법 : 1) 선생님은 미리 두꺼운 도화지에 무덤 모양을 그린 후 칼로 동그랗게 무덤을
  오리고 종이 양쪽 끝에 구멍을 뚫어 실을 연결하고 뒷쪽에 매듭을 짓습니다.
  2) 다른 종이에 돌 모양을 미리 그려 둡니다.
  3) 미리 실을 연결해 둔 무덤 모양의 종이를 어린이들에게 나눠줍니다.
  4) 돌을 꾸미고 예수님과 나사로를 꾸밉니다.
  5) 꾸민 돌을 실에 붙이고 붕대를 감은 모양의 나사로를 돌 안으로 집어
  넣습니다.
  6) 무덤 앞에서 예수님이 "나사로야! 나오너라!" 하고 소리를 치면 뒤의 실을
  움직여 돌이 움직이고 그 안에서 나사로가 나오도록 합니다.

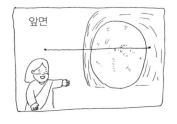 앞면
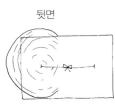 뒷면

 돌모양 줄에 붙인다.
 동굴속에 넣어둔다

➡️ 간식   어린이들의 영양을 고려한 간식을 준비합니다.

 다함께 모여요

➡️ 대그룹 활동

1. 함께 외쳐요: 예수님이 하실 수 있어요!

- 활동목표 : 예수님의 사랑과 능력을 느낍니다.
- 활동방법 : 교사가 노래에 맞추어 질문을 다양하게 던지면, 어린이들은 후렴 "예수님, 예수님, 예수님, 예수님, 예수님이지!"를 부르며 대답합니다.

교　사 : 우리 찬양을 누가 들으시나?

어린이 : 예수님 예수님 예수님 예수님 예수님이지

교　사 : 나의 노래는 누가 들으시나?

어린이 : 예수님 예수님 예수님 예수님 예수님이지

교　사 : 누가 폭풍을 물리치시나?

어린이 : 예수님 예수님 예수님 예수님 예수님이지

교　사 : 누가 기도에 응답하시나?

어린이 : 예수님 예수님 예수님 예수님 예수님이지

교　사 : 물로 포도주 누가 만드셨나?

어린이 : 예수님 예수님 예수님 예수님 예수님이지

교　사 : 누가 나의 친구 되실까?

어린이 : 예수님 예수님 예수님 예수님 예수님이지

교　사 : 우리 슬픔은 누가 위로하나?

어린이 : 예수님 예수님 예수님 예수님 예수님이지

➡️ **마음에 새겨요**   회상하기 질문을 통해 어린이들은 오늘 배운 성경 말씀을 삶 속에서 적용할 수 있도록 도움 받을 수 있답니다.

- 마리아가 슬퍼하는 것을 보고 예수님은 어떻게 하셨나요?
- 죽은 나사로를 살리신 분은 누구신가요?
- 내가 기쁠 때나 슬플 때 나와 함께하시는 분은 누구신가요?

➡️ **기 　 도**   우리가 슬퍼할 때 함께 슬퍼해 주시고 위로해 주시는 예수님을 알게 해 주셔서 감사해요. 어려울 때마다 예수님이 생각나게 해 주세요. 예수님의 이름으로 기도합니다. 아멘.

➡️ **광 　 고**   가정용 교재로 오늘 배운 성경 이야기를 집에서 복습하도록 광고해 주십시오.

➡️ **마침인사**   샬롬 노래를 부르며 집으로 돌아갑니다.

샬롬 샬롬 선생님 샬롬 샬롬 친구들
다음 주에 다시 만나 예배드리자
샬롬 샬롬 샬-롬

10 삭개오는 예수님에 대해 알게 되었어요

성 경	누가복음 19:1-10
암 송	여호와는 나의 목자시니 내게 부족함이 없으리로다(시편 23 : 1)
포인트	삭개오는 때때로 나쁜 행동을 할 때에도 예수님이 여전히 사랑하신다는 것을 알게 되었어요.

◉ 이 과의 목표

믿음의 성숙 (교사와 어린이)

• 우리는 때때로 나쁜 행동을 한다는 것을 인정합니다.

• 우리가 나쁜 행동을 할 때에도 예수님은 우리를 사랑하신다는 것을 깨닫습니다.

• 언제나 우리를 사랑해 주시는 예수님께 감사드립니다.

성경에 대한 이해 (어린이)

• 예수님이 삭개오에게 어떻게 사랑을 보여 주셨는지 이야기해 봅니다.

• 예수님의 사랑이 삭개오를 어떻게 변화시켰는지 이야기해 봅니다.

믿음의 본보기 (교사)

선생님께서 잘못된 행동을 할 때에도 여전히 사랑하시는 예수님의 사랑을 함께 나누세요.

◉ 한눈에 보는 오늘의 예배

순 서	소요시간	활동계획
유치부에 왔어요	예배 전	반가워요 · 마음 열기
예배드려요	35-40분	찬양 · 기도 성경 봉독 · 성경 이야기
우리 반에 모여요	15-20분	출석 확인 · 이야기나누기 소그룹 놀이 활동(삭개오가 달라졌어요 외 1 중 택일)
다함께 모여요	10분	대그룹 놀이 활동(키작은 삭개오-림보게임 외 1 중 택일) 마음에 새겨요 · 광고 · 마침 인사

* 위의 순서는 각 교회학교의 사정에 따라 다르게 진행될 수 있습니다.

삭개오는 세금을 걷는 세리였습니다. 세리는 그 시대 사회의 밑바닥 계층으로 여겨졌습니다. 세리는 압제자인 로마를 위해 일했고, 그래서 사람들은 세리를 배신자로 취급했습니다. 이 때문에 그들은 불결하게 여겨졌고, 유대 회당에 들어갈 수도 없고, 회당에서 열리는 중요한 행사에 참여할 수도 없었습니다. 그들은 가난한 사람들로부터 마지막 한 푼까지 빼앗아 갔고, 부자에게서도 이득을 취하는 잔인한 사람들이었습니다. 세리들 대부분은 자신의 권한 이상으로 착취하는 부도덕한 사람들이었습니다.

선량한 유대인이라면 세리와 상대하지 않았습니다. 세리가 가까이 오면 나병 환자를 대하듯 고개를 돌렸습니다. 사람들은 그들을 미워하였고 조롱하며 수군거렸습니다. 삭개오는 이렇게 경멸받고 있는 무리의 우두머리였습니다.

오늘 성경 이야기를 통해 유대 사회에서 삭개오의 사회적 위치가 얼마나 낮았으며, 그 시대의 종교적인 상황이 어떠했는지 어린이들이 이해하는 것이 중요합니다. 그러한 이해가 있어야 예수님이 하신 일이 얼마나 놀라운 것인지 깨달을 수 있습니다.

이번에도 큰 무리가 예수님을 따릅니다. 삭개오는 왜 그렇게 절실히 예수님을 보기를 갈망하며 앞으로 달려가 나무 위에까지 올라갔을까요? 왜 사람들의 조롱이나 수군거림까지도 기꺼이 감수하면서 예수님을 보려고 했을까요? 단순히 호기심 때문이었을까요? 분명 그렇지 않을 것입니다. 그렇다면 무엇 때문에 그가 그렇게까지 했을까요?

삭개오의 가슴과 마음에 어떤 일이 일어나고 있었는지 우리는 그저 짐작만 할 수 있습니다. 그가 외롭거나

무척 불행했기 때문이라고 추측하는 것은 합당하지 않은 것 같습니다. 그가 종교 지도자인 예수님을 그렇게 보고 싶어 했던 것은 틀림없이 그의 가슴 속에 깊은 종교적 갈망이 있었기 때문입니다. 그의 영혼은 유월절을 지내기 위해 예루살렘으로 올라가는 무리에 간절히 속하고 싶었던 것이지요.

예수님은 나무에 올라간 삭개오를 보십니다. 그리고 오랫동안 알고 지내던 친구처럼 그의 집을 방문하겠다고 하십니다. 삭개오가 누구인지 알고 그곳에 있던 사람들이 불평하기 시작합니다. "이 랍비는 도대체 저 사람이 누군지 알기나 하고 저러는 걸까? 죄인의 집에 가는 것을 상상해 보라고. 어떻게 그런 일을 할 수가 있어? 이 랍비는 진정으로 올바른 사람이 아닌 것이 분명해."

이야기에 따르면 삭개오는 예수님과 그 제자들을 환영합니다. 게다가 그는 이제부터 새로운 삶을 살겠다고 공개적으로 선포합니다. 세리 일을 그만둘 수는 없더라도 재산의 절반을 가난한 사람에게 나눠 주고 속여서 빼앗은 것이 있으면 네 배로 갚겠다고 약속합니다(율법에는 본래 돈의 5분의 1만 더해 돌려주도록 되어 있습니다. 레위기 6장 2-5절 참조).

예수님은 삭개오 집안의 구원을 선언합니다. 진정한 유대인으로 여겨지지 않던 이 사람이 예수님에 의해 진정한 아브라함의 자손으로 인정을 받은 것입니다. 예수님이 이 세상에 오신 것은 삭개오와 같은 사람들을 구원하기 위해서입니다.

예수님과의 만남을 통하여 삭개오는 무엇을 알게 되었나요? 그리고 어린이들은 이 이야기를 통해 무엇을 알 수 있을까요?

첫 번째로, 예수님은 그 사람이 어떤 사람인지, 무슨

> 예수님은 삭개오 집안의 구원을 선언합니다. 진정한 유대인으로 여겨지지 않던 이 사람이 예수님에 의해 진정한 아브라함의 자손으로 인정을 받은 것입니다. 예수님이 이 세상에 오신 것은 삭개오와 같은 사람들을 구원하기 위해서입니다.

일을 하는지에 따라 하나님께 용납되지 않는 사람도 있다는 유대 지도자들의 편견에 반대하셨음을 알 수 있습니다. 예수님과 예수님의 말씀이 필요한 사람은 율법과 계명을 벗어나 살고 있는 사람들이었습니다. 예수님은 의례적인 종교적 관습이 아니라 오직 믿음과 사랑으로 하나님 나라의 백성이 될 수 있음을 선포하신 것입니다.

두 번째로, 죄를 지은 우리 모두는 예수님에게 용서받을 수 있다는 사실입니다. 예수님은 사람들에게 언제나 두 번째 기회를 주십니다. 여러분이 어떤 나쁜 일을 했더라도 그것을 스스로 고백하면 예수님은 용서해 주실 것입니다. 이것은 자신이 거부당하고 비난받는다고 느끼는 사람들에게 참으로 멋진 소식입니다. 또한 무엇인가 잘못을 하고 죄책감을 느끼는 어린이들에게도 기쁜 소식입니다. 예수님에 대한 이 좋은 소식을 다시 한 번 설명해 주세요.

우리는 예수님에 대해 많이 알면 알수록 좋습니다. 그러나 무엇보다 중요한 것은 예수님을 믿고 따르는 것입니다. 어리기 때문에 이 일을 못하는 것은 아니라는 사실을 어린이들이 이해할 수 있도록 도와주세요. 예수님은 어린이들이 예수님의 제자가 되기를 원하십니다.

유치부에 왔어요

▶ **반가워요**   유치부에 오는 어린이들을 반갑게 맞아 줍니다. "○○가 지난주보다 키가 많이 컸네. 지난주에는 밥 잘 먹고 잠도 잘 잤나 보다."라고 키에 관한 이야기로 어린이들을 맞이합니다. 키가 유난히 작아 고민인 아이에게는 키에 대한 이야기를 삼가고, 의젓한 모습에 대해 격려합니다.

▶ **마음 열기**   어린이들이 모두 모이면 함께 다음과 같은 손유희를 합니다.

예수님은 하나님의 외아들이에요. (엄지손가락을 세운다)
예수님을 찬양해요! (두 손을 위로 올린다)
예수님은 나를 위해, 나를 위해 오셨어요. (다른 사람들, 그리고 자신을 가리킨다)
즐겁게 예수님을 찬양해요! (두 손을 위로 높이 치켜들고 손뼉을 세 번 친다)

삭개오에 관한 성경 동화를 준비해 둡니다.

예배 드려요

➡️ **찬　양** "키 작은 삭개오"

➡️ **기　도** 사랑의 하나님, 예수님을 더 많이 알고 싶어요. 이 시간 우리들이 예수님을 만날 수 있도록 도와 주세요. 우리 예배를 받아 주세요. 예수님의 이름으로 기도합니다. 아멘

➡️ **성경봉독** 이것은 성경(두 손을 모읍니다.)　　　　　　활짝 펴요.(책을 펴듯이 펼칩니다.)
누가복음 19장 5-10절 말씀.　예수께서 그곳에 이르셨을 때 위를 올려다보며 삭개오에게 말씀 하셨습니다. "삭개오야. 어서 내려오너라! 내가 오늘 네 집에서 묵어야겠다." 삭개오는 얼른 내려와 기뻐하면서 예수를 맞이했습니다. 그런데 사람들은 이 광경을 보고 모두 수군거렸습니다. "그가 죄인의 집에 묵으려고 들어갔다." 삭개오는 서서 주께 말했습니다. "주여, 보십시오! 제 소 유물의 반을 떼어 가난한 사람들에게 주겠습니다. 누군가를 속여 얻은 것이 있다면 네 배로 갚아 주겠습니다." 예수께서 삭개오에게 말씀하셨습니다. "오늘 구원이 이 집에 이르렀다. 이 사람도 아브라함의 자손이다. 인자는 잃어버린 사람을 찾아 구원하러 왔다."

➡️ **들어가기** 오늘은 '삭개오' 라는 사람을 소개할 거예요. (무리 중에 있는 삭개오의 그림을 보여주며) 삭개오 는 키가 아주 작은 어른이었어요. 누구인지 알겠어요? 세금을 거둬들이는 사람이라 허리에 돈주 머니를 차고 있어요. 누구일까요? 어떤 색 옷을 입고 있지요?

> **선생님, 잠깐만요!**
>
> 이 이야기는 다시 한 번 어린이들에게 예수님의 사랑과 용서를 받아들이도록 촉구합니다. 어린이들은 그의 구세주로 예수님을 받아들이는 것에 대해 질문을 할지도 모릅니다. 미리 기도하며 준비하시면 어린이들을 주님께로 이끄는 큰 기쁨을 맛보게 되실 것입니다.

♡ 성경 이야기

키가 작은 삭개오는 세금을 거두는 세리였어요. 세리들은 늘 사람들을 속여서 정해진 세금보다 훨씬 많이 거두곤 했어요. 그래서 세리들은 사람들에게 미움을 받았어요. 삭개오도 마찬가지였지요.

돈은 아주 많았지만 욕심쟁이 삭개오는 친구가 없었어요. 행복하지 않았어요.

어느 날, 삭개오는 놀라운 소식을 들었어요. 예수님이 마을에 오신다는 거예요.

"나는 예수님을 꼭 만나고 싶어."

삭개오는 예수님이 계신 곳으로 달려갔어요. 하지만 많은 사람들 때문에 키 작은 삭개오는 예수님을 볼 수가 없었어요.

사람들은 너나 할 것 없이 예수님 곁으로 모여들었어요.

"저리 비켜요, 비켜! 나도 예수님을 보고 싶어요."

키가 작은 삭개오는 폴짝폴짝 뛰어 봤어요. 하지만 사람들의 어깨에 가려 예수님을 볼 수가 없었어요.

'어떻게 하면 예수님을 볼 수 있을까?'

삭개오는 곰곰이 생각했어요.

'옳지! 높은 나무 위로 올라가야지.'

"영차, 영차! 보인다, 보여! 예수님이 보여!"

그런데 놀라운 일이 벌어졌어요. 예수님이 삭개오가 올라간 나무쪽으로 걸어오시는 것이 아니겠어요? 그리고 걸음을 멈추더니 말씀하셨어요.

"삭개오야, 속히 내려오너라. 오늘 너희 집에서 머물고 싶구나."

"예? 정말이세요?"

삭개오는 너무도 기뻐서 단숨에 나무에서 내려와 예수님을 집으로 모셨어요.

사람들은 이것을 보고 "예수님이 죄인의 집으로 들어간다."고 수군거렸어요.

예수님을 만난 삭개오는 그동안 부자가 되려고 세금을 많이 거두고 욕심을 부렸던 것이 부끄러워졌어요.

"예수님, 전 욕심쟁이 세리예요. 그래서 사람들은 저를 좋아하지 않아요. 아니 저를 미워해요. 예수님, 이제부터 저의 재산의 절반을 가난한 사람들에게 주겠습니다. 그리고 남을 속여 얻은 것이 있으면 네 배로 갚겠습니다."

예수님은 무척 기뻐하셨어요.

"오늘 이 집에 구원이 찾아왔다. 이 사람도 아브라함의 자손이다. 나는 잃어버린 자를 찾아 구원하러 왔다."

자기만을 위해서 남을 속이고 돈을 모았던 욕심쟁이 삭개오는 예수님을 만난 후에 정말 다른 사람이 되었어요. 누구든지 예수님을 만나서 자기의 잘못을 회개하고 예수님의 말씀대로 살아가면 착하고 신실한 예수님의 제자가 된답니다.

우리 반에 모여요

➡️ **출석 확인** 어린이들이 자신의 출석표에 표시하도록 시간을 주십시오.

➡️ **이야기 나누기** 하나님의 말씀을 다시 한 번 생각하며 이해하도록 돕는 질문들입니다. 이 질문들을 어린이들과 나누면서 어린이들 스스로 말씀을 생각하고 느끼게 합니다.

■ 준 비 물 : 가정용 교재 77~79쪽

가정용 교재의 그림을 보면서 질문을 나누세요. 예수님을 만나 그분의 사랑과 용서를 받아들이기 전과 그 후의 삭개오를 비교해서 강조합니다. 어린이들은 그림을 자세히 보면서 삭개오와 주변 사람들 얼굴의 표정 변화를 찾아낼 수 있을 것입니다.

• 삭개오가 자신들을 속이고 돈을 빼앗아 갔을 때 사람들은 어떻게 느꼈을까요?
• 사람들을 속일 때 삭개오의 마음은 어땠을까요?
• 삭개오는 예수님이 자신을 좋아하지 않을 것이라고 생각했을까요?
• 예수님은 우리의 나쁜 행동을 어떻게 생각하실까요?

아무도 삭개오가 한 행동을 좋아하지는 않았을 것이라고 강조하십시오. 사람들도, 삭개오도, 분명 예수님도 말입니다. 예수님은 삭개오나 우리 같은 사람들이 나쁜 행동을 할 때 슬퍼 하십니다. 그러나 "우리가 나쁜 일을 할 때조차 예수님은 우리를 사랑하신다."는 오늘 배운 진리에 어린이들이 집중할 수 있도록 도와주는 질문이 아래 있습니다.

• 예수님이 삭개오의 집에 가겠다고 하셨을 때 삭개오는 어떻게 느꼈을까요?
• 예수님이 정말 자기를 사랑하신다는 것을 삭개오는 어떻게 느낄 수 있었을까요?
• 나쁜 행동으로 예수님을 실망시킬 때조차 예수님이 여러분을 무척 사랑한다는 것을 알고 있나요?

좀 엉뚱하게 들리더라도 어린이들의 대답을 하나하나 받아들이십시오. 어린이들을 한 명씩 안고 "네가 잘못된 행동을 할 때도 예수님은 너를 정말 사랑하신단다."라고 말하면서 오늘 이야기를 되새기게 합니다. 예수님의 사랑을 알고 나서 삭개오가 변화되었다는 점을 일깨웁니다.

▶ 소그룹 활동

1. 삭개오가 달라졌어요(이야기책 만들기)

■ 활동목표 : 삭개오를 사랑하신 예수님의 사랑을 나도 느낍니다.

■ 준 비 물 : 교회학교용 교재 17쪽, 33쪽 스티커

■ 활동방법 : 1) 선대로 접어 책을 만듭니다.

2) 성경 이야기 그림에 맞는 글자 스티커를
붙입니다.

3) 성경 이야기를 읽어 보고 이야기를 나눕니다.
"예수님을 만난 삭개오는 어떻게 달라졌나요?"
"예수님은 언제부터 삭개오를 사랑했나요?"
"내가 잘못할 때에도 예수님은 나를 사랑하실까요?"

 예수님, 내 잘못도 용서해 주세요!

2. 키 재기

■ 활동목표 : 친구들과 키를 비교해보며 서로 다르지만 우리 모두를 사랑하시는 예수님을
느껴 봅니다.

■ 준 비 물 : 색실 또는 눈금이 있는 키 재기 판

■ 활동방법 : 1) 아이들의 키만큼 색실을 자릅니다

2) 바닥에서부터 시작되도록 자신의 색실을 벽에 붙이게 합니다.

3) 그 위에 자신의 얼굴이나 이름을 써서 붙입니다.

4) 누가 제일 크고 누가 제일 작은지, 누구 키가 똑같은지, 작은 키 때문에
힘들었던 경험이 있는지 이야기해 봅니다. "작거나 크거나 예수님은 우리
모두를 사랑하신다."라고 되새깁니다.

▶ 간식　　　어린이들의 영양을 고려한 간식을 준비합니다.

다함께 모여요

▶ **대그룹 활동**

1. 키 작은 삭개오(림보 게임)

■ 활동목표 : 키작은 삭개오의 마음을 느끼며, 삭개오를 사랑으로 품어 주신 예수님께 감사
　　　　　합니다.

■ 준 비 물 : 긴 고무줄 또는 긴 끈

■ 활동방법 : 1) "삭개오는 키가 작아서 예수님을 볼 수 없었대요. 우리 모두 삭개오가 되어
　　　　　　 볼까요?"라는 멘트로 도입합니다.

　　　　　 2) "삭개오 키는 이만 했어요(고무줄이나 끈의 높이를 미리 보여 줍니다).
　　　　　　 삭개오처럼 키를 맞추어 보세요."라고 말하고 한 사람씩 고무줄을
　　　　　　 통과하도록 합니다.

　　　　　 3) 점점 높이를 낮추면서 게임을 진행합니다.

　　　　　 4) 허리를 젖히는 림보 동작이 어려운 어린이들은 고무줄이나 끈 높이에
　　　　　　 맞추어 몸을 숙여 통과하게 합니다.

2. 함께 외쳐요: 예수님이 하실 수 있어요!(지난 주에 이어서…)

■ 활동목표 : 예수님의 사랑과 능력을 느낍니다.

■ 활동방법 : 1) 교사가 노래에 맞추어 질문을 다양하게 던지면 어린이들이 응답합니다.

　　　　　 2) 어린이들은 후렴 '예수님 예수님 예수님 예수님 예수님이지'를 부릅니다.

우 리 찬 양 을　　누 가 들 으 시 나 ?

예 수 님 예 수 님 예 수 님 예 수 님　 예 수 님 이 지

교　　사 : 우리 찬양을 누가 들으시나?

어린이 : 예수님 예수님 예수님 예수님 예수님이지

교　　사 : 나의 노래는 누가 들으시나?

어린이 : 예수님 예수님 예수님 예수님 예수님이지

교　　사 : 누가 폭풍을 물리치시나?

어린이 : 예수님 예수님 예수님 예수님 예수님이지

교　　사 : 누가 기도에 응답하시나?

어린이 : 예수님 예수님 예수님 예수님 예수님이지

교　　사 : 물로 포도주 누가 만드셨나?

어린이 : 예수님 예수님 예수님 예수님 예수님이지

교　　사 : 누가 나의 친구 되실까?

어린이 : 예수님 예수님 예수님 예수님 예수님이지

교　　사 : 우리 슬픔은 누가 위로하나?

어린이 : 예수님 예수님 예수님 예수님 예수님이지

교　　사 : 나쁜 행동을 누가 용서해주시나?

어린이 : 예수님 예수님 예수님 예수님 예수님이지

교　　사 : 우리 기쁨을 누가 아시나?

어린이 : 예수님 예수님 예수님 예수님 예수님이지

➡ 마음에 새겨요 회상하기 질문을 통해 어린이들은 오늘 배운 성경 말씀을 삶 속에서 적용할 수 있도록 도움받을 수 있답니다.

- 사람들은 삭개오를 좋아했나요?
- 예수님은 삭개오에게 어떻게 하셨나요?
- 나쁜 행동을 할 때에도 예수님은 우리를 사랑하실까요?
- 우리는 예수님께 어떻게 사랑을 나타낼까요?

➡ 기　　도 잘못이 많았던 삭개오를 만나고 용서해주신 사랑의 예수님을 알게 해 주셔서 감사해요. 예수님을 믿고 따르게 해주세요. 예수님의 이름으로 기도합니다. 아멘.

➡ 광　　고 가정용 교재로 오늘 배운 성경 이야기를 집에서 복습하도록 광고해 주십시오.

➡ 마침인사 샬롬 노래를 부르며 집으로 돌아갑니다.

샬롬 샬롬 선생님 샬롬 샬롬 친구들
다음 주에 다시 만나 예배드리자
샬롬 샬롬 샬-롬

11 예수님이 들려주셨어요: 돌아온 아들 이야기

성 경	누가복음 15:11 – 32
암 송	여호와는 나의 목자시니 내게 부족함이 없으리로다 (시편 23 : 1)
포인트	하나님께서는 잃어버린 아들을 언제나 기쁘게 맞아주는 사랑의 아버지이십니다.

▣ 이 과의 목표

믿음의 성숙 (교사와 어린이)

• 오늘 성경 이야기에 나오는 사람들의 행동과 감정들을 표현해 봅니다.

• 돌아온 아들의 비유는 우리에게 어떤 하나님을 설명하고 있는지 생각해 봅니다.

• 아버지가 집에 돌아온 탕자를 환영해 주었을 때 우리가 탕자라면 어떤 마음이 들었을지 상상해 봅니다.

성경에 대한 이해 (어린이)

• 집으로 돌아온 아들이 가족들에게 환영받았을 때의 기쁨을 상상해 봅니다.

• 언제나 우리를 사랑하시는 하나님 아버지의 따스한 사랑을 느껴 봅니다.

믿음의 본보기 (교사)

언제나 용서와 사랑을 베푸시는 하나님 아버지의 사랑을 느낀 경험이 있다면 어린이들과 나누세요.

▣ 한눈에 보는 오늘의 예배

순 서	소요시간	활동계획
유치부에 왔어요	예배 전	반가워요 · 마음 열기
예배드려요	35 – 40분	찬양 · 기도 성경 봉독 · 성경 이야기
우리 반에 모여요	15 – 20분	출석 확인 · 이야기나누기 소그룹 놀이 활동(아버지 집으로 가는 길 외 2 중 택일)
다함께 모여요	10분	대그룹 놀이 활동(돌아와요-체조) 마음에 새겨요 · 광고 · 마침 인사

* 위의 순서는 각 교회학교의 사정에 따라 다르게 진행될 수 있습니다.

▣ 이 과를 준비하는 선생님들께

누가복음 15장에는 '잃은 양'(1-7절)과 '잃은 드라크마'(8-10절), '탕자의 비유'(11-32절)가 나옵니다. 오늘 성경 이야기의 본문인 '탕자의 비유'는 앞의 두 비유와 함께 잃은 영혼을 찾으시는 하나님의 사랑과 죄인의 회개를 보여 주고 있습니다. 조금 상이한 점이 있다면 '잃은 양'의 비유와 '잃은 드라크마'의 비유가 양과 드라크마를 찾으시는 하나님의 사랑에 강조점을 두었다면, '탕자의 비유'는 죄인의 회개, 즉 탕자의 회개에 조금 더 무게를 두어 죄인이 하나님께 다시 나올 수 있는 방법으로서의 회개를 강조하고 있다는 것입니다.

오늘 성경 이야기는 크게 세 부분으로 나누어 살펴볼 수 있습니다. 첫째는 작은 아들의 방탕과 궁핍입니다(11-16절). 작은 아들은 자기의 몫을 챙겨 아버지의 집을 멀리 떠났습니다. 그리고 그의 모든 재산을 방탕한 생활로 모두 탕진하게 됩니다. 결국 집을 나간 아들은 돼지 치는 일을 하게 되고 너무 배가 고파 돼지의 먹이라도 먹으려 합니다. 하나님의 품을 떠난 인간은 모든 것을 얻을 것 같지만 절망과 허무함으로 몸부림칠 수밖에 없음을 보여 주는 것입니다.

두 번째 부분은 작은 아들의 회개와 아버지의 용서입니다(17-24절). 작은 아들은 굶어 죽을 수밖에 없는 극단적인 상황에서 아버지의 품을 생각하게 됩니다. 그리하여 자기의 잘못을 깨닫고 아버지의 집으로 돌아가기로 결단합니다. 아버지는 집 나간 아들을 오늘도 멀리서부터 기다리고 있습니다. 아버지의 품을 떠났던 아들을 대하는 아버지의 모습은 죄인을 향하여 오랫동안 기다리시는 하나님의 사랑을 보게 합니다. 하나님의 사랑은 죄인이 악한 길에서 돌이키기까지 오랫동안 기다리는 사랑이며, 죄인이 돌아올 때에 그의 허물을 기억하지 않으며 영접하시는 사랑입니다. 또한 하나님의 사랑을 다시 얻기 위해서는 하나님 앞에 나아가 자기의 죄를 깨닫고 회개해야 함을 교훈하고 있습니다.

세 번째 부분은 맏아들의 불평과 아버지의 사랑입니다(25-32절). 맏아들은 아버지의 곁에서 묵묵히 아버지를 도왔던 착한 아들의 입장이었습니다. 그러나 아버지의 품을 떠났던 동생이 돌아왔을 때에 아버지가 배설한 잔치자리를 보고 분노합니다. 자기는 한 번도 받아 보지 못한 대접을 받고 있는 동생의 모습을 보고 불평합니다. 이러한 맏아들의 모습에서 집을 나간 탕자인 작은 아들과 마찬가지로 아버지의 곁에 있었으나 아버지를 떠난 또 한 명의 탕자를 보게 됩니다. 일반적으로 맏아들은 유대의 종교 지도자 및 일반 유대인을, 작은 아들은 세리와 죄인, 이방인들을 비유한다고 해석하는데, 여기서 우리가 알 수 있는 것은 하나님의 사랑은 맏아들과 작은 아들, 즉 유대인과 이방인들 모두에게 동일하다는 것입니다.

이번 성경 공부를 통하여 자신의 본성을 따라 아버지를 떠난 아들을 애타게 기다리며 모든 것을 잃고 돌아온 아들을 위해 기쁨으로 잔치를 배설했던 아버지의 모습에서 죄 된 본성으로 하나님의 품을 떠났던 우리를 언제나 기다리며 용서하시는 하나님의 사랑을 깨닫기 원합니다. 또한 진정한 회개를 통하여 하나님께로 돌아오는 사람들에 대하여 우리는 우리의 기준이나 편견으로 그들을 판단해서는 안 된다는 진리를 깨닫기 원합니다. 하나님의 사랑은 누구에게나 동일한 사랑이기 때문입니다.

> 자신의 본성을 따라 아버지를 떠난 아들을 애타게 기다리며 모든 것을 잃고 돌아온 아들을 위해 기쁨으로 잔치를 배설했던 아버지의 모습에서 죄 된 본성으로 하나님의 품을 떠났던 우리를 언제나 기다리며 용서하시는 하나님의 사랑을 깨닫기 원합니다.

유치부에 왔어요

➡ **반가워요**   오늘은 유치부에 예배드리러 온 어린이들을 성경이야기에 나오는 아버지 분장으로 반겨 봅시다. 어린이들에게 하트 스티커를 하나씩 붙여 주며 "하나님 아버지의 사랑이 ○○에게 함께하신단다."라고 웃으며 말해 주고 따뜻하게 안아 줍니다.

➡ **마음 열기**   어린이들을 선생님 주변에 자연스럽게 모이게 하고 한 주 동안 어떻게 지냈는지, 가족들은 어땠는지 질문함으로써 아이들이 집처럼 편안하게 느낄 수 있게 해 주세요. 또 길을 잃었던 적이 있는지, 또는 멀리 떨어져 살다가 다시 만나게 된 가족이 있는지 물어보고 오랜만에 만났을 때 얼마나 반가웠는지 이야기해 봅니다.

예배 드려요

➡ **찬   양**   "나는야 어리지만 예수님 제자"
               "어두운 두 눈 밝히시고"
               "정말로" "사랑해 주님이"

> **선생님, 잠깐만요!**
>
> 예배 중이나 특히 찬양할 때는 열정적으로 온 힘을 다해 하는 것도 중요하지만, 잠잠히 찬양하며 기다릴 때도, 하나님의 음성을 듣고 하나님의 임재를 느낄 수 있답니다. 이번 시간에 하나님을 꼭 만나야 한다고 서두르지는 마세요. 어린이들이 분주하지 않게, 고요함을 느끼고 하나님을 생각할 수 있도록 해 주세요.

➡ **기   도**   사랑의 하나님, 예수님을 더 많이 알고 싶어요. 이 시간 우리가 예수님을 만날 수 있도록 도와주세요. 우리 예배를 받아주세요. 예수님의 이름으로 기도합니다. 아멘.

➡ 성경봉독   이것은 성경(두 손을 모읍니다.)   활짝 펴요.(책을 펴듯이 펼칩니다.)

누가복음 15장 20-24절 말씀.   그러고서 아들은 일어나 아버지에게로 갔다. 아들이 아직 멀리 있는데 그 아버지는 아들을 보고 불쌍히 여겨 아들에게 달려가 그의 목을 껴안고 입을 맞췄다. 아들이 아버지에게 말했다. '아버지, 제가 하늘과 아버지께 죄를 지었습니다. 이제 아들이라고도 불릴 자격이 없습니다.' 그러나 아버지는 종들에게 말했다. '어서 가장 좋은 옷을 가져와 이 아이에게 입혀라. 손가락에 반지를 끼우고 발에 신을 신겨라. 살진 송아지를 끌어다 잡아라. 잔치를 벌이고 즐기자. 내 아들이 죽었다가 다시 살아났다. 이 아들을 잃었다가 이제 찾았다.' 이렇게 그들은 잔치를 벌이기 시작했다.

➡ 들어가기   다음과 같은 말로 이야기를 시작합니다. "예수님은 두 아들을 가진 한 아버지에 대해 이야기해 주셨어요. 그 남자는 부자였어요. 소와 염소를 키우는 넓은 땅도 있었어요. 그리고 아주 큰 집에서 많은 하인들을 거느리고 편안하게 살았답니다. 그 당시에는 아버지가 아들들(자녀들)에게 그들이 물려받을 재산들에 대해서 미리 알려주었어요. 아들들은 그 재산을 받기까지 아주 오랫동안 기다려야 했어요.

✷ 성경 이야기

1막

작은 아들 난 이런 시골에서 평생 동안 일하면서 살기 싫어. 더 멋진 도시 생활을 하고 싶단 말이야.

큰 아들 불평 그만하고 빨리 일 좀 하자.

작은 아들 형은 늙어 죽을 때까지 여기서 살라고. 나는 이곳을 떠날 거야. 이곳은 지루하고 심심해.

해설자 그날 밤 작은 아들은 아버지께 말했어요.

작은 아들 아버지! 난 농사짓고 동물들 키우는 일이 재미없고 따분해요. 저는 도시에 가서 훨씬 더 재미있게 살고 싶어요. 아버지, 저에게 물려주실 재산을 지금 좀 주세요. 아버지는 돈이 많잖아요.

큰 아들 지금 아버지에게 유산을 달라고 하는 것은 아버지 보고 얼른 돌아가시라고 하는 것과 같아.

작은 아들 그래도요. 아버지, 어서 제 몫의 돈을 주세요.

해설자 아버지는 슬픈 마음으로 작은 아들에게 재산을 나누어 주고, 집을 떠나는 아들을 바라보았어요.

2막

해설자 작은 아들은 도시에 오자마자 돈을 많이많이 썼어요. 화려한 옷과 비

싼 물건들을 사며 새로 만난 친구들과 어울려 지냈어요. 하지만 얼마 지나지 않아 가지고 온 돈이 모두 떨어지고 말았어요. 작은 아들은 너무나 배가 고팠지만 양식을 살 돈이 없어서 돼지들을 돌보는 일을 하게 되었어요.

작은 아들   나는 농장일이 싫고 아버지 집이 싫어서 집을 떠났는데 지금 내가 하고 있는 일이 돼지 키우는 일이라니! 우리 집에는 먹을 것도 많은데 여기서는 굶어 죽을 것 같아. 아버지께로 돌아가야겠다. 그렇지만 나는 아들이라고 불릴 자격도 없어. 흑흑흑, 하인으로라도 좋으니 아버지 집에 가서 살고 싶어. 그래도 여기보다는 나을 거야. 아버지 집으로 돌아가야겠다.

3막

해설자   작은 아들은 도시를 떠나 아버지 집을 향해서 갔어요. 어머! 저 멀리 아버지의 모습이 보이네요. 아버지는 작은 아들의 모습을 발견하고 뛰어나와 아들을 꼭 안아주었어요.

아버지   드디어 돌아왔구나! 너를 얼마나 기다렸는지 아니? 기다리고 기다리고 또 기다렸단다.

작은 아들   아버지! 저는 하나님께 죄를 지었고 아버지께도 잘못했어요. 전 아들이라고 불릴 자격도 없어요. 아버지! 하인으로라도 좋으니 이 집에서 일할 수 있게 해 주세요.

해설자   하지만 아버지는 하인들을 불러 이렇게 말했어요.

아버지   내 아들이 돌아왔다. 내 아들이 살아 돌아왔어! 빨리 가서 좋은 옷을 입히고 금반지를 끼워 주어라. 밤새도록 잔치를 열자.

해설자   잔치가 벌어졌어요. 들에서 일하고 있던 큰 아들의 귀에도 즐거운 음악소리가 들려왔어요.

큰 아들   이게 무슨 소리지?

하인   작은 도련님이 돌아오셨어요. 주인님이 살진 송아지를 잡고 잔치를 여신대요.

해설자   큰아들은 화가 나서 급히 집으로 돌아왔어요. 하지만 잔치가 열리고 있는 집 안으로는 들어가지 않았어요. 그 때 아버지가 밖으로 나왔어요.

큰 아들   아버지! 저는 오랫동안 하인들처럼 일하고 동생의 몫까지 열심히 일했어요. 아버지의 말씀에 제가 순종하지 않은 적이 있나요? 하지만 저를 위해서는 잔치 한 번 베풀어 주지 않으시더니, 집 나가서 제멋대로 살면서 아버지가 준 돈을 다 써버리고 거지가 되어 돌아온 동생에게는 잔치를 열어 주시다니 정말 너무 하세요.

아버지   아들아, 너는 항상 나와 함께 있었잖니? 내가 가진 모든 것이 다 네 것이란다. 하지만 죽은 줄 알았던 네 동생이 이렇게 돌아왔으니 얼마나 기쁘냐? 너도 기쁘지 않느냐? 들어가서 우리 함께 기쁨의 잔치를 즐겨 보자꾸나. 하하하, 내 아들이 살아 돌아왔다. 죽은 줄 알았던 아들이 살아 돌아왔어, 허허허.

이 이야기는 예수님이 들려주신 이야기예요. 하나님께서는 우리가 잘못을 뉘우치고 돌아올 때 용서하시고 잔치를 베풀며 환영하신다는 것을 가르쳐 주는 이야기예요.

하나님께서는 우리가 어떤 잘못을 했을지라도 용서해 주세요. 하나님의 사랑은 아버지를 떠났던 작은 아들이 돌아올 때까지 기다리시는 사랑이에요. 하나님의 사랑은 아버지를 떠났던 아들이 돌아올 때에 기쁨으로 반겨 주시는 아버지의 사랑이랍니다.

 ## 우리 반에 모여요

➡ **출석 확인**   어린이들이 자신의 출석표에 표시하도록 시간을 주십시오.

➡ **이야기 나누기**   하나님의 말씀을 다시 한 번 생각하며 이해하도록 돕는 질문들입니다. 이 질문들을 어린이들과 나누면서 어린이들 스스로 말씀을 생각하고 느끼게 합니다.
  ■ 준 비 물 : 가정용 교재 84~85쪽
  가정용 교재의 그림을 보면서 질문을 나누세요.

  • 이 그림은 이야기의 어떤 장면인가요?
  • 작은 아들이 돌아왔을 때 아버지의 표정은 어떤가요?
  • 다시 집에 돌아온 작은 아들은 어떤 생각을 했을까요?
  • 이 그림에 어떤 제목을 붙이는 것이 좋을까요?

➡ **소그룹 활동**

1. 아버지 집으로 가는 길(길 찾기 게임)
  ■ 활동목표 : 하나님 아버지가 우리에게 가장 좋은 것을 주시는 분임을 압니다.
  ■ 준 비 물 : 교회학교용 교재 19쪽, 33쪽 스티커, 필기도구
  ■ 활동방법 : 1) 예수님이 들려주신 '돌아온 아들 이야기'의

주인공 아버지가 바로 하나님 아버지임을 이야기합니다.

2) 색연필로 길 찾기를 하여 아버지 집에 도착합니다.

3) 길목에 길을 안내하는 스마일 스티커를 붙입니다.

4) 보물이 가득한 아버지 집 스티커를 붙이고, 돌아온 기쁨을 나타내는 케익 스티커도 붙인 후 아버지 집이 얼마나 소중한 곳인지 생각해 봅니다.

 하나님 아버지가 최고예요!

2. 은박 접시에 그림 그리기

- 활동목표 : 하나님의 끝없는 사랑을 느껴봅니다.
- 준 비 물 : 은박 접시, 유성펜, 암송 말씀, 리본 테이프
- 활동방법 : 1) 은박 접시에 유성 펜으로 오늘 배운 성경 이야기를 그릴 것이라고 이야기합니다. 이때 수성펜과 유성펜의 차이를 은박 접시에 실험해 볼 수 있습니다.

  2) 오늘의 이야기에서 가장 재미있었던 장면이 무엇인지 생각해 본 후 그림을 그립니다.

  3) "하나님께서는 언제나 ○○○를 사랑해."라고 씁니다.

  4) 액자로 걸어둘 수 있도록 은박 접시 뒷면에 리본 고리를 붙여 줍니다.

3. 면장갑에 가족 꾸미기

- 활동목표 : 사랑하는 가족을 기억하며 나타냅니다.
- 준 비 물 : 면장갑, 흰 바둑알, 본드, 네임펜

- 활동방법 : 1) 바둑알에 네임펜으로 가족의 얼굴을 그립니다.

  2) 장갑 손가락 끝에 바둑알을 본드로 붙입니다.

  3) 손가락에 붙인 가족들이 서로 만나며 부딪혀 즐거운 소리를 내게 합니다.

  4) 다른 어린이들의 가족 장갑과 두드리고 흔들어 다양한 소리를 탐색해 봅니다.

▷ 간식   어린이들의 영양을 고려한 간식을 준비합니다.

다함께 모여요

➡ 대그룹 활동

1. '돌아와요' 체조

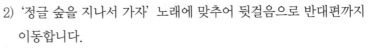

- 뒷걸음으로 걸어갔다가 빠른 걸음으로 앞으로 걸어오는 활동입니다.
- 활동방법 : 1) 선생님 앞에 가로로 여러 줄을 섭니다.
  2) '정글 숲을 지나서 가자' 노래에 맞추어 뒷걸음으로 반대편까지 이동합니다.
  3) 선생님 한 분이 "애들아, 돌아와! 나는 너희를 사랑한다."고 외치면(선생님이 예수님으로 분장하면 더 재미있습니다.) 빠른 속도로 걸어서 앞으로 돌아옵니다. 이때 '경보' 운동처럼 걷는 것도 흥미 있습니다.
  4) 몇 번 반복한 후 '룰랄레' 찬양을 하고 마무리합니다.

➡ 마음에 새겨요 회상하기 질문을 통해 어린이들은 오늘 배운 성경 말씀을 삶 속에서 적용할 수 있도록 도움 받을 수 있답니다.

- 집을 나간 작은 아들이 돌아왔을 때 아버지의 마음은 어땠을까요?
- 옆에 있는 친구를 작은 아들이라 생각하고 아버지가 되어서 꼭 안아 주세요.
- 하나님은 우리의 잘못을 용서하시고 기쁨으로 안아주시는 것을 믿나요?

➡ 기   도 하나님의 따뜻한 사랑을 알게 해 주셔서 감사해요. 하나님 사랑해요. 예수님의 이름으로 기도합니다. 아멘.

➡ 광   고 가정용 교재로 오늘 배운 성경 이야기를 집에서 복습하도록 광고해 주십시오.

➡ 마침인사 샬롬 노래를 부르며 집으로 돌아갑니다.

샬롬 샬롬 선생님 샬롬 샬롬 친구들
다음 주에 다시 만나 예배드리자
샬롬 샬롬 샬-롬

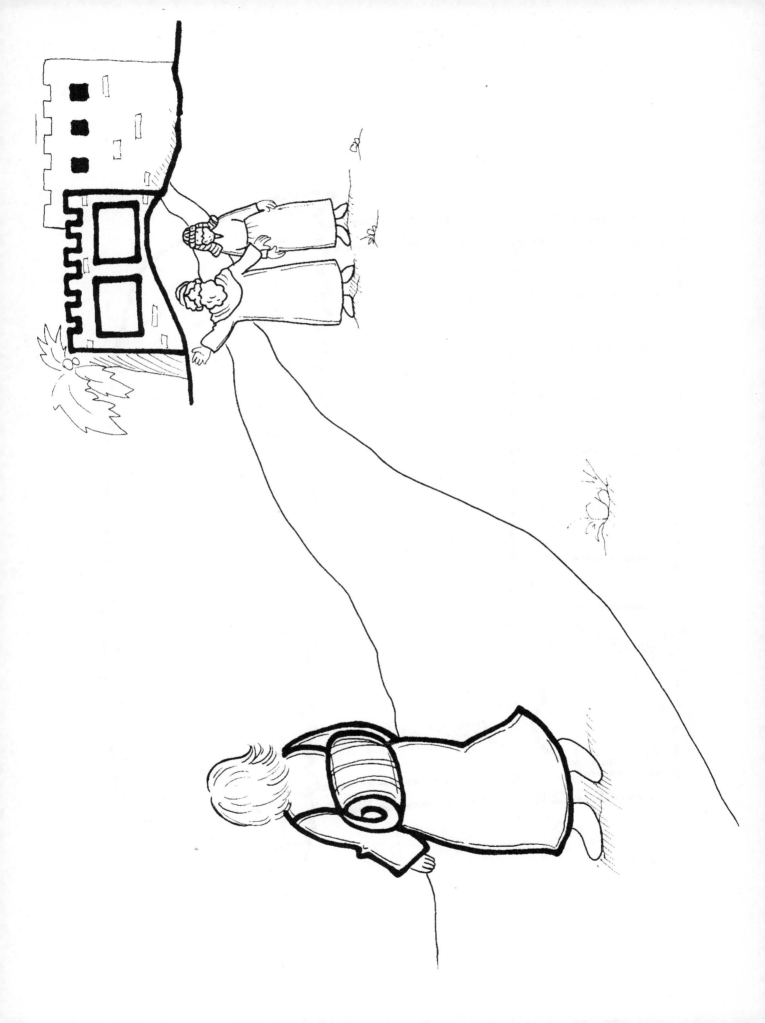

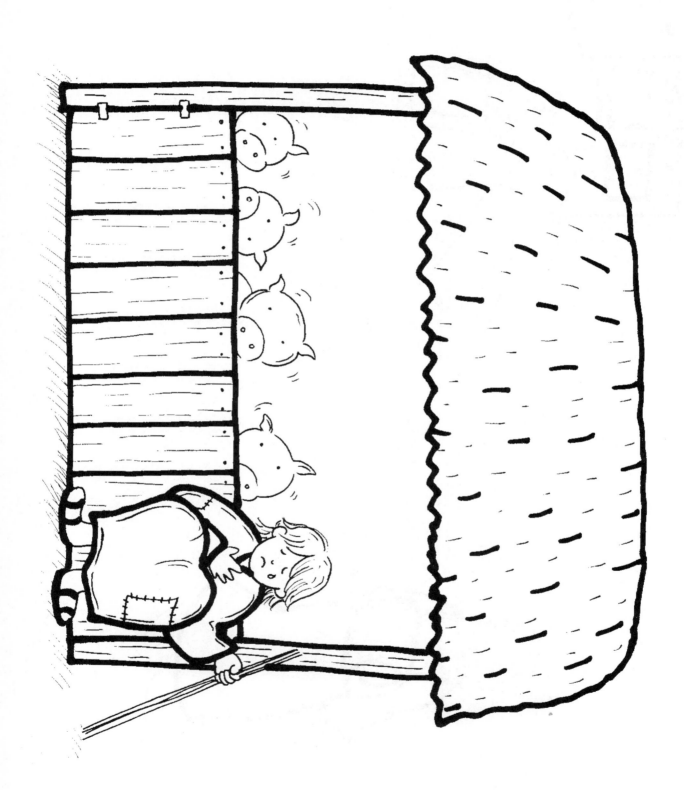

호산나! 예수님을 찬양해요

성 경	마태복음 21:1-11
암 송	그가 여기 계시지 않고 그가 말씀하시던 대로 살아나셨느니라 (마태복음 28 : 6)
포인트	우리도 예루살렘 사람들처럼 왕이신 예수님을 찬양합니다.

이 과의 목표

믿음의 성숙 (교사와 어린이)

• 예수님은 어린이들의 찬양을 기뻐하신다는 것을 깨닫습니다.

• 기쁜 마음으로 예수님을 찬양합니다.

성경에 대한 이해 (어린이)

• 오늘 배운 말씀을 그림으로 그리거나 말로 설명할 수 있습니다.

• 예수님께서 예루살렘으로 입성하실 때에 그곳에 내가 있었다면 어땠을까 상상해 봅니다.

• 예수님이 어린이들의 찬양을 들으실 때 어떤 마음일까 생각해 봅니다.

믿음의 본보기 (교사)

기쁘고 즐겁게 예수님을 찬양하는 모습을 보여 주세요.

한눈에 보는 오늘의 예배

순 서	소요시간	활동계획
유치부에 왔어요	예배 전	반가워요 · 마음 열기
예배드려요	35-40분	찬양 · 기도 성경 봉독 · 성경 이야기
우리 반에 모여요	15-20분	출석 확인 · 이야기나누기 소그룹 놀이 활동(호산나! 외 1 중 택일)
다함께 모여요	10분	대그룹 놀이 활동(예수님을 태운 당나귀가 되어 보기 외 1 중 택일) 마음에 새겨요 · 광고 · 마침 인사

* 위의 순서는 각 교회학교의 사정에 따라 다르게 진행될 수 있습니다.

▣ 이 과를 준비하는 선생님들께

유월절이 시작되는 때에 마치 정복 왕처럼 예루살렘에 입성하시는 예수님의 모습은 예사롭지 않습니다. 예수님은 사역하시는 동안 군중들 앞에 일부러 모습을 드러낸 일이 거의 없었습니다. 도리어 예수님은 자신이 행한 기적에 대해 입을 다물라고 사람들에게 일러두기까지 하셨습니다. 그런데 이번에는 사람들의 외침을 들으며 예루살렘 성으로 행진해 들어가십니다. 왜 그러셨을까요?

그 대답은 예수님이 사역을 시작한 후 자주 되풀이해 온 말씀, "내 때가 아직 이르지 않았다"(요한복음 2장 4절, 7장 6절)에서 찾아볼 수 있습니다. 바리새인, 사두개인과의 직접적인 충돌이 마지막 고난과 십자가에서의 죽음을 가져올 것을 아셨던 예수님은 때가 찰 때까지 그것을 미루어두셨던 것입니다. 왕처럼 예루살렘에 행진해 들어감으로써 예수님은 의도적으로 그들을 자극합니다. 성전을 깨끗이 하고 (마태복음 21장 12-13절), 비유를 들어 바리새인들과 대제사장들을 공격하며(마태복음 21장 12-13절), 그들로 하여금 자신을 잡아들일 방법을 찾게 합니다(마태복음 21장 46절).

요즘 나오는 영화나 텔레비전 드라마들은 예수님을 착하고 부드럽고 친절하며, 유대 지도자들의 증오와 로마 군대의 무자비한 힘 앞에서 무력한 존재, 즉 순결한 희생자로 주로 묘사합니다. 순결하고 착하고 친절하긴 하지만 예수님은 무력한 존재가 아닙니다. 천사들의 군대가 언제나 그를 위해 싸울 태세를 갖추고 있었습니다 (마태복음 26장 53절). 예수님은 자신의 삶에 대해 언제나, 특히 마지막 때에 더욱 주도적이셨습니다. 그는

어떤 일이 일어날지, 그것이 결국 자신을 죽음으로 이끌 것까지 완전히 알고 계시면서도 스스로 그것을 결정하고 모든 사건들을 진두지휘하셨습니다. 그는 죽음을 택하신 것입니다.

물론 이런 개념을 어린이들이 완전히 이해하기에는 어려움이 있지만 선생님께서 이야기를 전달하면서 예수님에 대해 정확한 인상을 심어 주는 것은 무엇보다 중요합니다. 말이나 동작, 표정 등을 통해 승리의 왕으로 예루살렘에 입성하시는 예수님의 모습을 보여 주세요.

> 요즘 나오는 영화나 텔레비전 드라마들은 예수님을 착하고 부드럽고 친절하지만, 유대 지도자들의 증오와 로마 군대의 무자비한 힘 앞에서 무력한 존재, 즉 순결한 희생자로서 주로 묘사합니다. 하지만 예수님은 무력한 존재가 아닙니다. 예수님은 자신의 삶에 대해 언제나, 특히 마지막 때에 더욱 주도적이셨습니다. 그는 어떤 일이 일어날지, 그것이 결국 자신을 죽음으로 이끌 것까지 완전히 알고 계시면서도 스스로 그것을 결정하고 모든 사건들을 진두지휘하셨습니다. 그는 죽음을 택하신 것입니다.

예루살렘에 들어가기에 앞서 예수님은 두 제자들에게 아주 구체적인 지시를 하십니다. 마을로 가서 나귀를 찾아 데리고 오라는 것이었습니다. 누가 도둑으로 보고 무엇이라 묻거든 "주가 쓰실 것입니다."라고만 대답하라고 하십니다. 예수님은 분명히 제자들이 모르는 사이 미리 이것을 준비하신 것입니다.

예수님은 멍에를 메는 비천한 가축인 나귀를 타고 성에 들어가십니다. 이에 사람들은 신성한 존재에 대한 경의의 표시로 자신들의 겉옷과 나뭇가지를 길에 펴고 "호산나!"라고 외칩니다. 이렇게 외친 사람들 대부분은 예수님을 알고 존경하는 갈릴리에서 온 순례자들이었습니다.

예수님은 갈릴리에서 오신 겸손하고 친절한 왕이십니다. 그에게서 압제하는 권력자의 모습은 찾아볼 수 없습니다. 예수님이 새로운 모습의 왕이라는 교훈은 유대인뿐 아니라 우리 모두에게 주는 교훈이기도 합니다. 그분이 로마인을 물리치고 유대인들을 막대한 세금의 짐에서 벗어나게 해 줄 것이라고 생각한 당시 사람들의 기대는 잘못이었습니다. 비록 그가 세상에서 생활하긴

했지만, 그의 왕국은 세상적인 것이 아니었기 때문입니다.

이 예사롭지 않은 사건은 예수님의 사역 마지막 주에 일어나는 모든 일들의 배경이 됩니다. 이 사건은 예수님이 부활 후 하신 말씀 "하늘과 땅의 모든 권세를 내게 주셨으니"를 앞서 보여 줍니다. 예루살렘 입성 사건을 통해 우리는 왕으로서 예수님의 권위와 권세가 다가오는 것을 볼 수 있습니다. 다윗의 아들이 죄에서 그의 백성을 구하기 위해 오시는 것을 볼 수 있는 것입니다.

유치부에 왔어요

➡️ **반가워요**   여러 명의 선생님들이 종려나무 가지를 만들어 흔들며 "호산나! 호산나!"를 외치면서 어린이들을 맞이합니다. 예루살렘으로 입성하시는 예수님을 기쁨으로 환영했던 사람들처럼 진심으로 기뻐하며 환영합니다.

➡️ **마음 열기**   오늘은 축제의 날입니다! 이 날이 특별하다는 것을 어린이들이 처음부터 느낄 수 있게 하십시오. 주변에 어린이들을 모이게 한 후 "호산나" 찬양이 담긴 테이프를 틀어놓고 어린이들도 테이프를 따라 노래하도록 합니다. 그리고 어린이들에게 호산나가 무슨 뜻인지 아는지 묻고, 그것은 '구원하다' 라는 뜻으로 "할렐루야!"처럼 하나님을 찬양할 때 쓰는 말이라고 설명합니다. 어린이들이 행복하고 기쁜 목소리로 다함께 "호산나!"를 외치게 한 후 예수님은 어린이들이 그분을 찬양하는 것을 아실 것이라고 말해 줍니다. 그리고 어린이들에게 오늘 이 '호산나' 라는 말을 많이 듣게 될 것을 일러줍니다.

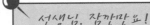

선생님, 잠깐만요!

만약 선생님의 반 어린이들 수가 적으면 어린이들의 부모나 형제들까지 예배에 초청하십시오. 그림 그리는 것을 부모가 도와주고 함께 행진을 할 수 있습니다(할아버지 할머니들도 이 행사에 참여하는 것을 즐거워할 것입니다).

예배 드려요

➡️ 찬　　양　　"호산나"

➡️ 기　　도　　사랑의 하나님, 예수님을 환영해요. 이 시간 우리가 예수님을 만날 수 있도록 도와주세요. 우리 예배를 받아주세요. 예수님의 이름으로 기도합니다. 아멘.

➡️ 성경봉독　　이것은 성경(두 손을 모읍니다.)　　　　　　활짝 펴요.(책을 펴듯이 펼칩니다.)
마태복음 21장 6-9절 말씀.　　제자들은 가서 예수께서 시키신 대로 했습니다. 그들은 나귀와 나귀 새끼를 끌고 와서 그 등 위에 자기들의 겉옷을 얹었습니다. 그러자 예수께서 그 위에 앉으셨습니다. 큰 무리가 겉옷을 벗어 길에 폈고 어떤 사람들은 나뭇가지를 꺾어서 길에 깔기도 했습니다. 앞서 가는 무리들과 뒤따라가는 무리들이 외쳤습니다. "다윗의 자손께 호산나!" "주의 이름으로 오시는 분께 복이 있도다!" "지극히 높은 곳에서 호산나!"

➡️ 들어가기　　성경 이야기를 들려줄 때, 예수님이 나타나면 모두 손을 흔들며 '호산나'를 함께 외치자고 이야기합니다. 어린이들과 함께 손을 들고 '호산나'를 외쳐 봅니다. 엄마와 아빠, 큰 아이, 작은 아이, 아기들 등 커다란 무리가 팔을 흔들며 찬양하는 가운데 행진하는 예수님의 모습은 어떠했을지 아이들로 하여금 이야기를 들으면서 상상하게 합니다. 이야기가 끝난 후 그 장면을 그림으로 그릴 것이라며 잘 들으라고 주의를 환기시킵니다.

✪ 성경 이야기

　　예수님과 제자들이 예루살렘 성을 향해 먼지가 많이 나는 길을 걷고 있었어요. 예루살렘 성이 가까워 오자 예수님은 두 제자에게 조용히 말씀하셨어요.
　　"이웃 마을로 가거라. 거기서 매여 있는 나귀를 발견하게 될 것이다. 그 나귀를 풀어 끌고 오너라. 만약 누가 혹시 물어 보거든 주께서 쓰신다 말하여라."
　　오래지 않아 두 제자들이 나귀를 끌고 왔어요.
　　한 제자가 예수님이 나귀에 편안히 타실 수 있도록 자기의 겉옷을 벗어 나귀 등 위에 올려놓았어요. 제자들은 예수님이 나귀에 올라타시는 것을 도와 드리고 예수님 옆에서 따라갔어요.
　　예수님은 둘러싼 사람들 앞으로 나귀를 타고 가셨어요.
　　많은 사람들이 예수님을 향해 오고 있는 것이 보였어요. 아이들은 뛰고, 아버지와 어머니들은 서로 보고 웃었으며, 할머니와 할아버지들은 웃으며 아이들을 향해 손을 흔들고 있었어요. 모두가 예수님을 만나자 예수님을 우러러 보며 예루살렘에 오신 것을 축하했어요.

모든 사람들은 예수님이 아주 위대한 왕처럼 특별한 사람이라 생각했어요. 어떤 사람들은 예수님이 편하고 깨끗한 길을 가시도록 겉옷을 벗어서 깔아 드렸어요. 또 어떤 사람들은 종려 나뭇가지를 꺾어 바닥에 펴 드렸어요.

어떤 사람들은 예수님 앞에서 종려나무 가지를 흔들며 소리쳤어요.

"호산나! 다윗의 자손이여. 찬송하리로다, 주의 이름으로 오시는 이여!"

어떤 사람들은 "호산나! 여기 우리 왕이 오셨다!"라고 소리치며 예수님 뒤를 쫓아 왔어요. 모든 사람들이 "호산나! 호산나! 호산나!" 하고 외쳤어요.

즐겁고 떠들썩한 행렬이 예루살렘 성에 도착했어요.

예루살렘에 살고 있던 사람들은 예수님을 따르는 행렬을 보고 무슨 일인지 궁금해 했어요.

"누구를 위한 행진일까? 왜 이렇게 떠들썩하지?"

어린이들이 웃으며 큰 소리로 대답했어요.

"호산나! 호산나!"

"우리의 왕 예수님을 찬양해요!"

예수님은 많은 사람들의 환영을 받으며 예루살렘성에 오셨어요. 모든 사람들은 호산나를 찬송하며 기뻐했어요. 어린이들도 예수님께 큰 소리로 찬양했지요. 예수님은 어린이들의 찬양을 기뻐하셨어요.

 우리 반에 모여요

▶ **출석 확인**   어린이들이 자신의 출석표에 표시하도록 시간을 주십시오.

▶ **이야기 나누기**   하나님의 말씀을 다시 한 번 생각하며 이해하도록 돕는 질문들입니다. 이 질문들을 어린이들과 나누면서 어린이들 스스로 말씀을 생각하고 느끼게 합니다.

오늘 성경 이야기를 끝낸 후 어린이들에게 눈을 감고 행진 장면을 상상으로 그려 보라고 합니다. 그리고 아이들에게 어떤 장면을 상상했는지 묻습니다.

• 상상의 그림 속에는 예수님 주변에 어떤 사람들이 있나요?
• 상상의 그림 속에서 예수님과 아이들 중 누가 더 행복해 보여요?
• 사람들은 어떤 표정인가요?
• 어떤 말을 하고 있나요?

• 우리가 찬양하면서 사랑한다고 말할 때 예수님은 얼마나 행복하실까요?

• 여러분이 상상으로 그린 그림에서 예수님이 왕처럼 보이나요?

• 예수님을 바라보며 "호산나"라고 찬양하는 모습이 어떻게 보이나요?

➡ 소그룹 활동

1. **호산나!(종려나무 가지 만들기)**

■ 활동목표 : 종려나무 가지를 흔들며 '호산나'의 의미를 새겨
봅니다.

■ 준 비 물 : 교회학교용 교재 19쪽, 나무젓가락, 투명테이프

■ 활동방법 : 1) 31쪽의 종려나무 잎을 떼어 내어
나무젓가락에 붙입니다.

2) 종려나무 잎을 흔들며, '호산나'를 외칩니다.

3) '호산나'는 '주를 찬양하라!'는 뜻을 가지고 있다고 이야기합니다.
종려 주일, 나귀를 왜 타셨는지, 호산나는 무슨 뜻인지 교사들은
설명하도록 합니다.

 호산나! 예수님은 우리의 왕!

2. **호산나, 다윗의 자손 예수님!**

■ 활동목표 : 예수님을 찬양하는 마음을 자유롭게 표현합니다.

■ 준 비 물 : OHP 필름, 유성 사인펜, A4 사이즈의 흰 종이

■ 활동방법 : 1) 어린이들에게 A4 흰 종이가 덧대어진 OHP필름을 나눠줍니다.

2) 예수님을 찬양하는 마음이 OHP필름이라면 그 마음에는 어떤 그림이
있을지 그려보게 합니다.

3) 함께 모이는 시간에 어린이들이 표현한 찬양하는 마음을 OHP를 이용하여
친구들과 함께 감상하도록 합니다.

➡ 간식

어린이들의 영양을 고려한 간식을 준비합니다.

다함께 모여요

▶ 대그룹 활동

1. 예수님을 태운 당나귀가 되어 보기(신체 표현 활동)

- 활동목표 : 네 발로 기는 신체동작을 이용하여 몸을 움직여 봅니다..
- 준 비 물 : 당나귀의 움직임을 표현한 음악, 리듬 막대
- 활동방법 : 1) 당나귀의 움직임을 표현한 음악을 들려줍니다. 어떤 느낌이 드는지 이야기를 나눕니다.
  2) 음악에 맞추어 어린이들이 몸으로 자유롭게 표현해 보도록 합니다. 이때 예수님을 태운 당나귀의 움직임은 어떠했을지 생각해 보고, 몸을 움직여 봅니다.
  3) 음악이 없다면 리듬 막대를 이용해서 당나귀의 움직임을 표현해 볼 수 있습니다.

2. 호산나! 찬양해요

- 준 비 물 : 소그룹 활동에서 만든 종려나무 가지
- 활동방법 : 종려나무 가지를 흔들며 찬양합니다.

➡ 마음에 새겨요 회상하기 질문을 통해 어린이들은 오늘 배운 성경 말씀을 삶 속에서 적용할 수 있도록 도움 받을 수 있답니다.

- 우리 두 팔을 벌려 힘껏 외쳐 볼까요.
  "우리 왕 예수님을 찬양해요! 우리 왕 예수님을 사랑해요!"

➡ 기   도 호산나! 왕이신 예수님을 찬양해요. 예수님 이름으로 기도합니다. 아멘.

➡ 광   고 가정용 교재로 오늘 배운 성경 이야기를 집에서 복습하도록 광고해 주십시오.

➡ 마침인사 샬롬 노래를 부르며 집으로 돌아갑니다.

샬롬 샬롬 선생님 샬롬 샬롬 친구들
다음 주에 다시 만나 예배드리자
샬롬 샬롬 샬-롬

예수님이 다시 살아나셨어요!

성 경	마태복음 28장
암 송	그가 여기 계시지 않고 그가 말씀하시던 대로 살아나셨느니라 (마태복음 28 : 6)
포인트	무덤에 있었던 예수님의 제자들처럼 우리도 예수님이 살아나셨음을 기뻐합니다.

◎ 이 과의 목표

믿음의 성숙 (교사와 어린이)

• 예수님은 오늘도 우리 곁에 살아 계심을 확실히 알고 기뻐합니다.

• 예수님이 부활하신 기적에 대해 경이로움을 느낍니다.

성경에 대한 이해 (어린이)

• 부활절은 우리가 무엇을 기념하는 날인지 이야기해 봅니다.

• 예수님이 어떻게 돌아가시고 부활하셨는지 이야기해 봅니다.

• 예수님이 돌아가시고, 또 부활하셨을 때 여인들의 마음이 어떻게 달라졌을지 상상해 봅니다.

• 오늘도 살아계신 예수님께 감사드립니다.

믿음의 본보기 (교사)

기쁘고 즐겁게 살아 계신 예수님을 찬양하는 모습을 보여 주세요.

◎ 한눈에 보는 오늘의 예배

순 서	소요시간	활동계획
유치부에 왔어요	예배 전	반가워요 · 마음 열기
예배드려요	35-40분	찬양 · 기도 성경 봉독 · 성경 이야기
우리 반에 모여요	15-20분	출석 확인 · 이야기나누기 소그룹 놀이 활동(살아나신 예수님을 알려요 외 1 중 택일)
다함께 모여요	10분	대그룹 놀이 활동(부활 소식을 전해요 외 2 중 택일) 마음에 새겨요 · 광고 · 마침 인사

＊ 위의 순서는 각 교회학교의 사정에 따라 다르게 진행될 수 있습니다.

回 이 과를 준비하는 선생님들께

유월절은 유대인들의 해방을 기념하는 축제입니다. 그런데 유대인들이 노예에서 해방되기 위해서는 열 가지 끔찍한 재앙과 애굽인의 맏아들이 모두 죽는 희생이 필요했습니다.

이처럼 부활절도 예수님을 따르는 모든 사람들이 죄의 사슬에서 해방된 것을 기념하는 날입니다. 그러나 유월절을 얻기 위해서 희생이 필요했듯이 우리가 새 생명을 얻기 위해서도 예수님의 고난과 죽음이라는 희생이 필요했습니다. 유월절은 예수님이 자신을 구원의 왕으로 드러내신 종려주일에서 시작되어 하나님께서 예수를 유대 지도자들뿐 아니라 사탄과 죽음의 정복자로 나타내신 부활절과 함께 끝납니다.

이 모든 의미를 어린이들에게 어떻게 설명해야 할까요? 간단히 말해 부활절은 우리가 구원받았다는 의미로, 종려주일의 "호산나!" (하나님께서 우리를 구원하신다)라고 외치던 기도가 이루어진 것입니다. 예수님이 구원의 역사를 이루어내신 것입니다. 예수님의 부활은 우리 죄를 위해 죽으신 예수님의 거룩한 희생을 하나님이 받아들이고 인증하셨다는 것을 보여 줍니다.

부활절은 예수님이 승리하셨다는 것을 뜻합니다. 십자가에 달리시기까지 예수님은 이 세상의 모든 악한 세력, 즉 사탄과 싸움을 벌이셨고, 죽으심으로 그 싸움에서 패배한 듯 보였습니다. 그러나 부활은 예수님이 승리하셨음을 증명합니다. 부활절은 죄와 사망을 이기신 예수님의 위대한 승리를 기념하는 날입니다. 그래서 우리는 기쁨으로 찬양합니다.

예수님이 부활하심은 우리에게 어떤 유익을 줍니까? 죽은 자 가운데서 살아나심으로써 예수님은 죽음을 정복해 우리에게 새 생명을 주시고, 우리의 영광스러운 부활을 보증하셨습니다.

부활은 예수님이 승리하셨음을 증명합니다. 부활절은 죄와 사망을 이기신 예수님의 위대한 승리를 기념하는 날입니다. 그래서 우리는 기쁨으로 찬양합니다. "가서 전하라"는 마태복음 부활 사건에서 중요한 주제입니다. 만약 예수의 부활이 정말 좋은 소식이라면 다른 사람들에게도 전해야 합니다. "예수 안에 있는 구원의 복음을 온 세상 사람들에게 전하는 것"이 우리의 책임이 되었습니다.

성경이 부활을 직접적으로 묘사하지 않았다는 사실에 주의하십시오. 그 과정이 어떠했는지 지켜본 사람은 없었습니다. 우리가 아는 사실은 지진이 났고, 천사가 나타나 돌을 굴려냈고, 무덤이 비었다는 것입니다. 또 여자들이 천사의 안내로 무덤에 들어가 보고 예수님이 계시지 않은 것을 확인했다는 사실입니다. 천사는 예수님이 살아나셨다고 하면서 다른 어떤 말도 붙이지 않고 "십자가에 못 박히신 예수"라고만 언급합니다. "십자가에 못 박하신"이라는 말이 그 어떤 명예로운 말보다 더 위대하게 된 것입니다.

천사는 여자들에게 예수님이 부활하셨다는 사실을 빨리 가서 제자들에게 전하도록 명합니다. 그 당시 유대법정에서 여자의 말은 증거로 받아들여지지 않았습니다. 그런데 이렇게 어마어마한 사건에서 여자들이 첫 번째 증인으로 선택되었습니다.

여자들은 곧 천사의 지시를 따랐는데, 두렵고도 기뻤습니다. 이렇게 엄청난 사건을 대하고 천사까지 만나고 나서 어떻게 두려워하지 않을 수 있겠습니까? 그러나 천사가 전해 준 것은 커다란 기쁨을 주는 소식이었습니다.

여자들이 제자들에게 말하기 위해 달려가는 동안 예수님이 나타나셨습니다. 예수님이 "평안하뇨"라고 인사하시자 그들은 예수님 발 앞에 무릎 꿇고 경배합니다. 예수님의 말씀은 대부분 천사가 이미 한 말의 반복이었습니다. 이들은 다시 "가서 전하라"는 지시를 받는데, 예수님은 이때 제자들에 대해 '내 형제들'이라고 표현하십니다.

"가서 전하라"는 마태복음 부활 사건에서 중요한 주제입니다. 여자들만 이 이야기를 반복하여 들은 것이 아니라, 제자들 역시 갈릴리에서 예수님으로부터 "가서 모든 족속으로 제자를 삼으라"(마태복음 28장 19절)는 말씀을 듣습니다. 만약 예수의 부활이 정말 좋은 소식이라면 다른 사람들에게도 전해야 합니다. "예수 안에 있는 구원의 복음을 온 세상 사람들에게 전하는 것"이 우리의 책임이 되었습니다.

그것을 어린이들에게 어떻게 설명해야 할까요? 예수님의 부활은 감추어야 할 일이 아닙니다. 기독교인들은 매 주일마다 이 어마어마한 사실을 기념하기 위해 교회에 모입니다. 그것은 우리 믿음의 핵심입니다. 그것이야말로 우리가 모든 사람들에게 전해야 할 증거입니다.

유치부에 왔어요

▶ **반가워요** 어린이들이 들어올 때부터 입구에 장식된 부활절 환경 장식을 보며 오늘은 다른 주일과 다름을 느낄 것입니다. 환한 미소로 아이들을 맞이하면서 "오늘은 예수님이 다시 살아나신 부활절이야!"라고 말해 줍니다.

▶ **마음 열기** 오늘은 지난주보다 더 기쁜 이야기를 들려주겠다고 합니다. 그러고는 그 이야기의 힌트를 주겠다며 한 명씩 가까이 오게 해 "예수님이 살아 계셔."라고 속삭입니다. 부활주일에 알맞는 찬양을 들려줍니다. 예수님 부활하신 내용이 있는 성경 동화를 준비해 볼 수 있도록 합니다.

예배 드려요

▶ **찬　　양** "살아나셨어요"
"종이접기"

▶ **기　　도** 사랑의 하나님, 예수님이 다시 살아나셔서 우리와 함께하게 해 주시니 감사해요. 우리 예배를 받아 주세요. 예수님의 이름으로 기도합니다. 아멘.

이것은 성경(두 손을 모읍니다.)   활짝 펴요.(책을 펴듯이 펼칩니다.)

마태복음 28장 5-10절 말씀.   그 천사가 여자들에게 말했습니다. "두려워 하지 말라. 너희가 십자가에 못 박히신 예수를 찾고 있는 것을 안다. 예수께서는 여기 계시지 않고 말씀하신 대로 살아나셨다. 여기 와서 예수께서 누워 계셨던 자리를 보라. 그리고 빨리 가서 그분의 제자들에게 '예수께서 죽은 사람 가운데서 살아나셨고, 너희보다 먼저 갈릴리로 가시니 그곳에서 너희가 예수를 보게 될 것이다' 라고 말하라. 자, 이것이 내가 너희에게 전하는 말이다." 그러자 여인들은 서둘러 무덤을 떠났습니다. 그들은 두려우면서도 한편으로는 기쁨에 가득 차 제자들에게 알리려고 뛰어갔습니다. 그때 갑자기 예수께서 여인들에게 나타나 말씀하셨습니다. "평안하냐?" 그들은 예수께 다가가 예수의 발을 붙잡고 예수께 절했습니다. 그러자 예수께서 그들에게 말씀하셨습니다. "두려워하지 말라. 가서 내 형제들에게 갈릴리로 가라고 전하라. 그곳에서 그들이 나를 만날 것이다."

■► **들어가기**

할아버지 퍼펫 인형을 준비합니다. 오늘은 죽었다가 다시 살아난 예수님에 대한 이야기를 전하겠다고 합니다. 할아버지 퍼펫인형은 "내가 이렇게 오래 살았어도 죽었다가 다시 살아난 사람은 본 적이 없어!"라고 대꾸합니다. "할아버지, 오늘 이야기를 잘 들어보세요. 정말 죽었다가 다시 살아난 분이 계세요."라고 이야기하고 성경 이야기를 시작합니다. 오늘 읽을 말씀은 성경 전체에서 가장 중요한 이야기를 담고 있다고 강조합니다.

¤ 성경 이야기

예수님의 제자들은 너무나 슬펐어요.

예수님이 돌아가셨기 때문이지요.

예수님을 미워하는 사람들이 예수님을 십자가에 못 박고 돌아가시게 했어요.

예수님의 제자들은 십자가를 바라보며 언덕에서 내려와 집으로 향했어요.

예수님의 친구 몇 명이 언덕 가까운 곳의 조용한 동산에 위치한 무덤에 예수님을 넣어 두고 돌을 굴려 무덤 입구를 막았어요.

군사들은 무덤 옆에서 예수님을 지키고 있었어요.

누가 돌아가신 예수님을 훔쳐 갈까 봐서요.

그날 새벽에 막달라 마리아와 다른 마라아가 무덤을 보려고 왔어요.

그런데 놀라운 일이 생겼어요!

무덤 안에 예수님이 계시지 않은 거예요.

한 천사가 동산에 와서 무덤 입구에 있는 돌을 굴려서 옮겨 놓았어요.

하나님은 우리 죄로 인해 십자가에 돌아가신 예수님을 다시 살리셨어요!

하나님께서 위대한 일을 하신 거예요.

슬퍼하던 여인들은 무덤에 와서 천사들을 보고는 몹시 두려워했어요.

또 천사가 들려준 기쁜 소식에 더욱 놀랐어요.

"너희는 무서워 말라. 십자가에 못 박히신 예수를 너희가 찾는 줄을 내가 아노라. 그가 여기 계시지 않고 그의 말씀하시던 대로 살아나셨느니라. 와서 그의 누우셨던 곳을 보라!"

천사들은 또 이렇게 명령했어요.

"빨리 가서 제자들에게 이르되 예수님이 죽은 자 가운데서 살아나셨고 너희보다 먼저 갈릴리로 가시나니 거기서 너희가 뵈오리라 전하라!"

너무 기쁜 여인들은 얼른 이 소식을 다른 사람들에게 전하기 위해 빨리 뛰어갔어요.

기쁜 소식을 들은 제자들도 여인들과 함께 뛰어나왔어요.

저기를 보세요! 앞에 예수님이 계셔요. 정말 예수님이 살아나셨어요!

예수님의 제자들은 기뻐하며 엎드려 예수님을 경배했어요.

예수님이 부활하셨어요! 살아계신 예수님을 찬양합니다!

선생님, 잠깐만요!

이 이야기는 성경 중에서도 가장 중요하고 멋진 부분이라고 아이들에게 다시 한 번 강조합니다. 실제로 아이들이 평생 이 부활의 진리를 기억하는 것은 정말 중요합니다! 축제 분위기를 내기 위해 퍼즐 조각을 담은 상자를 선물 포장하거나 부활절 스티커나 그림 등으로 장식할 수도 있습니다.

우리 반에 모여요

▶ **출석 확인**   어린이들이 자신의 출석표에 표시하도록 시간을 주십시오.

▶ **이야기 나누기**   하나님의 말씀을 다시 한 번 생각하며 이해하도록 돕는 질문들입니다. 이 질문들을 어린이들과 나누면서 어린이들 스스로 말씀을 생각하고 느끼게 합니다.

■ 준 비 물 : 가정용 교재 99~100쪽

가정용 교재의 성경 이야기 부분을 보여주고, 마리아의 감정의 상반되는 두 가지 측면에 대해 생각할 수 있는 시간을 줍니다. 그리고 어린이들에게 이 이야기 중 가장 슬픈 부분이 무엇이냐고 묻습니다.

• 예수님의 친구 마리아는 그 날 무엇을 보았나요?
• 이 이야기의 마지막 부분에서 마리아는 무엇을 느꼈을까요?

어린이들은 왜 마리아의 감정이 바뀌었다고 생각할까요? 예수님의 죽음과 부활에 대한 당신 자신의 생각을 아이들과 함께 나누십시오. 예수님의 다시 사심을 기뻐하는 어린이들의 마음이 얼마나 대단한지 칭찬하십시오.

• 여러분이 예수님이 돌아가시는 장면을 보았다면 느낌이 어땠을까요?
• 여러분이 다시 사신 예수님을 제일 먼저 만나게 되었다면 어떻게 했을까요?

다시 사신 예수님은 지금 우리 곁에 항상 함께하셔요. 이런 기쁜 소식을 사람들에게 전하자고 하면서 이 시간을 마무리 합니다.

➡ 소그룹 활동

1. 살아나신 예수님을 알려요(부활절 리스 만들기)

■ 활동목표 : 예수님이 살아나셨음을 기뻐합니다.
■ 준 비 물 : 교회학교용 교재 21쪽, 33쪽 스티커, 기타 다양한
　　　　　　스티커(별모양, 하트 모양 등)
■ 활동방법 : 1) 교회학교용 교재 21쪽 리스 틀을 떼어 낸 뒤
　　　　　　　　종려나무 가지와 리본 등으로 꾸밉니다(도톰한
　　　　　　　　스폰지 양면 테이프를 이용하면 입체감을 살릴 수
　　　　　　　　있습니다).
　　　　　　　2) 준비한 장식 스티커로 리스 주변을 화려하게 꾸밉니다.
　　　　　　　3) 고리를 만들어 걸고 예수님의 부활을 기념합니다.

 예수님이 나를 위해 살아나셨어요!

2. '예수님 다시 살아나셨어요!' 글자 꾸미기

■ 활동목표 : 부활의 소식을 전합니다.
■ 준 비 물 : '예수님 다시 살아나셨어요' 라는 글자들, 색종이, 풀
■ 활동방법 : 1) 각 반마다 '예수님 다시 살아나셨어요' 라는 글자 중 한 글자씩을
　　　　　　　　나눠가집니다.
　　　　　　　2) 반별로 각 글자를 어떻게 꾸밀 수 있는지 서로 이야기 나눕니다.

3) 색종이와 조각 색종이를 주어 풀로 붙여 꾸미게 합니다.

4) 반별로 글자를 모두 꾸민 후 그 글자들을 모아 예배실을 꾸밉니다.

3. '예수님 다시 살아나셨어요!' 구슬 그림

- 활동목표 : 부활의 소식을 전합니다.
- 준 비 물 : 도화지로 만든 달걀 모양 종이, 구슬, 물감, 상자 여러 개, 집게
- 활동방법 : 1) 달걀 모양으로 자른 도화지를 보여 주며, 여기에 어떤 장식을 할 수 있을지
    이야기 나눕니다.

    2) 준비한 상자 안에 달걀 모양의 도화지를 넣고 원하는 색의 물감을 묻힌
    구슬을 자유롭게 굴려서 구슬 그림을 그리도록 합니다.

    Tip〉 너무 힘차게 굴리면 구슬이 상자 밖으로 떨어질 수 있으니 상자를
    서서히 움직이며 굴리도록 합니다.

    3) 구슬 굴리기 그림이 완성되면 달걀모양종이로 벽면을 꾸미도록 합니다.

→ 간식 어린이들의 영양을 고려한 간식을 준비합니다.

 다함께 모여요

→ 대그룹 활동

1. 부활 소식을 전해요(페트병 굴리기 게임)

- 활동목표 : 복음의 전달을 게임으로 체험합니다.
- 준 비 물 : '예수님이 다시 사셨어요' 라는 글자가 적힌 종이를 넣은 페트병 2개, 신문지
    를 돌돌 말아서 만든 막대 2개
- 활동방법 : 1) 두 팀으로 나누어 대표 선수 6명씩을 뽑습니다(경우에 따라 네 팀으로).

    2) 반환점을 표시합니다.

    3) 부활 소식을 담은 페트병을 신문지 막대로 굴려서 반환점을 돌아오는
    릴레이를 합니다.

    4) 마지막 주자는 "예수님이 다시 사셨어요!"라고 크게 외쳐야 게임이
    끝납니다.

Tip〉 여러 명을 경기에 참가시키려면 페트병 1개에 신문지 막대 2명이 굴리는 방식으로도 운영할 수 있습니다.

2. 예쁘게 꾸민 계란을 가지고 사람들이 많은 곳에 나가 예수님을 전합니다.

3. 암송

■ 활동방법 : 마태복음 28장에서 천사가 한 말, "그가(예수님이) 여기 계시지 않고 그의 말씀하시던 대로 살아나셨느니라."를 들려줍니다. 이 말씀은 천사가 마리아와 다른 여자들에게 준 메시지라는 것을 아이들이 기억하게 합니다. 한두 번 이 구절을 들려준 후 아이들이 말씀을 따라할 수 있게 합니다.

▶ 마음에 새겨요 회상하기 질문을 통해 어린이들은 오늘 배운 성경 말씀을 삶 속에서 적용할 수 있도록 도움 받을 수 있답니다.

- 내가 다시 사신 예수님을 제일 먼저 만났다면 어떤 일을 하고 싶나요?
- 예수님이 다시 살아나신 소식을 누구에게 전하고 싶나요?

▶ 기   도 죄와 죽음을 이기고 부활하신 예수님을 알게 해 주셔서 감사해요. 이 기쁜 소식을 많은 사람들이 듣고 함께 기뻐하게 해 주세요. 예수님의 이름으로 기도합니다. 아멘.

▶ 광   고 가정용 교재로 오늘 배운 성경 이야기를 집에서 복습하도록 광고해 주십시오.

▶ 마침인사 샬롬 노래를 부르며 집으로 돌아갑니다.

샬롬 샬롬 선생님 샬롬 샬롬 친구들
다음 주에 다시 만나 예배드리자
샬롬 샬롬 샬-롬

부록 부활절 연극 "예수님이 다시 살아나셨어요"

1 예루살렘 입성

사람들 웅성거리며 성 안에 모여 있다. 모든 출연자 서로 말을 주고받는다.

남자 1 그게 정말이야? 오늘 예수님께서 예루살렘 성에 들어오신다며?

남자 2 그러게, 나도 그런 말을 듣긴 했어.

여인 1 야–, 그 멋진 기적을 베푸는 예수님이 예루살렘에 오신단 말이에요? 신난다.

여인 2 그러게요. 호호, 너무 잘되었어요. 이제 예수님이 오시면 우리들 배고픈 것도 해결해 주시
고, 로마 군인들도 물리쳐 주시고, 우리들이 편하게 잘 살 수 있는 세상이 오겠군요. 우리
떵떵거리며 살아봐요. 호호

해설자 우리 친구들, 사람들이 왜 이렇게 많이 몰려 있을까요? 참 궁금해요. 우리 모두 왜 그런지
잘 살펴보도록 해요. 저랑 같이 가 볼까요?

연주자들, '종려주일' 음악을 연주한다. 음악이 끝나면

아이 1 할아버지, 저기 들어오시는 분이 예수님이에요?

노인 그래, 얘야. 맞단다. 저분이 예수님이시란다.

예수님, 나귀를 타고 제자들에게 둘러싸여 입장한다. 아이 2, 예수님 주변을 돌며 앞장서서 춤추며 무대 앞으로 행렬 인도
한다. 사람들 모두 "호산나!"를 외치며 종려나무 가지를 흔들며 기뻐한다.

남자 3 다윗의 자손이여, 찬송합니다!

제자들 모두 우쭐댄다.

베드로 (다른 제자들 바라보면서) 이야, 이 환호하는 사람들 좀 봐. 이제 곧 우리 모두 높은 사람이
될 것 같은데?

사람들 모두 반주에 맞추어 "호산나" 찬양을 부르는 동안 예수님 무대 앞쪽에 한 번 오르신 후 노래가 끝나갈 쯤 제자들과
퇴장한다.

2 성전 청결

해설자 와~! 예수님이 예루살렘 성에 오셔서 참 기쁘네요. 예루살렘 성에 들어오신 예수님은 예루살렘 성전에 가시게 되
었어요.

상인들이 사람들에게 물건을 팔고 있다.

상인 1	이봐요, 아주머니! 이 물건이 정말 좋다니까. 이 비둘기로 제사를 드리면 특별한 효과가 있을 거예요. 내 말 한번 믿어 보세요.
여인 2	호호, 그런가요? 그럼 나도 이 비둘기로 제사를 드려야겠다. 정말 효과가 있는 거죠?
상인 1	당연하죠. 아마 죄가 100배는 더 잘 용서받을 거유.
상인 2	자, 와서 돈을 바꿔가세요. 죄 용서에 효과가 있으려면 이 돈으로 바꿔야 합니다. 자, 바꿔 가세요. 와서 이 돈으로 바꿔가세요.
남자 1	정말이요? 이야~, 신기하네. 이 돈으로 바꿔서 빨리 헌금을 해야지. 효과가 있다잖아.

예수님 등장하여 환전통, 상, 의자, 비둘기 등을 뒤엎는다.

예수님	내 집은 기도하는 집인데, 너희들이 어찌하여 이곳을 강도의 모임으로 만들려고 하느냐? 어서 이곳을 떠나거라. 하나님께 예배하는 거룩한 곳이니라.

상인들과 사람들 속히 도망하여 나간다.

3 향유 옥합 드리는 여인

해설자	에이~참! 사람들이 진정으로 예배드릴 생각은 하지 않고 다른 맘만 품고 있으니 예수님께서 정말 화나실 만하겠어요. 우리는 하나님께 진정으로 예배드려야겠어요. 어? 그런데 저 곳에 또 사람들이 모여 있네요? 저곳이 베다니 마을 시몬의 집인데, 함께 가 볼까요?

예수님과 베드로, 제자들, 사람들 모여 있다. 이때 마리아가 등장하여 예수님 발 앞에 무릎 꿇고 옥합을 깨뜨려 붓고 닦아드린다. 이후 마리아의 워십 댄스가 이어진다. 마리아가 워십댄스를 하는 동안 여자들이 "내게 있는 향유 옥합" 찬양을 부른다.

노인	에구머니, 저 비싼 것을?
제자 1	아니, 이 여자가 이게 얼마짜리인데 이렇게 낭비하는 거야? 원, 이거야.
제자 2	그러게, 이것을 이렇게 깨뜨려 버리지 말고 팔면……. 가만~. 얼마쯤 나올까? 10만 원? 아니다. 100만 원은 족히 되겠어. 그 돈으로 가난한 사람을 돕는 게 더 좋을 거야. (아부하며) 안 그래요, 예수님?
예수님	얘들아, 너희가 어찌 그런 말들로 이 여자의 맘을 괴롭히느냐? 이 여자는 내게 참 좋은 일을 한 것이야. 가난한 사람들은 너희와 항상 함께 있지만, 나는 항상 너희와 함께 있지 못한단다. 이 여인이 내게 향유를 부은 것은 내가 죽을 것을 미리 준비한 것이란다. 얘들아, 온 세상에 복음이 전파될 때마다 이 여인이 행한 일도 사람들이 말하며 기억하게 될 것이란다.

예수님, 마리아를 쳐다보며 흐뭇하게 웃으신다. 제자 1, 2 투덜대며 퇴장하고, 몇몇 제자들은 고개를 끄덕인다. 사람들 모두 퇴장.

4 최후의 만찬

해설자	음, 그래요. 예수님 말씀대로 저 여인은 참 멋지고 아름다운 일을 했네요. 부럽다. 나도 예수님께 내 마음을 다해서 예수님을 사랑한다고 고백하고 싶어요. 우리 친구들, 함께 고백해 볼까요? 예수님, 사랑해요! (예수님, 사랑해요!)

우리 정말 말로만 사랑하지 말고 우리 자신을 예수님께 아름답게 드리도록 해요. 어? 그런데 저기 예수님과 제자들이 함께 모여 있네요. 무슨 일일까요?

예수님과 제자들이 자리에 앉아 있다. 예수님 일어나셔서 수건을 두르고 대야를 가지고 들어온다.

제자 3　예수님이 왜 갑자기 일어나셨지?
제자 4　글쎄. 어? 왜 갑자기 수건과 대야를 갖고 들어오시지?
예수님　너희들의 발을 씻어 주고 싶단다. 너희도 내가 한 것처럼 다른 사람들을 섬기는 제자들이 되기를 바래.

제자들 모두 놀라며, 예수님이 발을 씻기시게 그냥 맡겨 둔다.

베드로　아이고, 예수님, 어째서 예수님께서 감히 저의 발을……. 절대 그렇게 할 수 없습니다.
예수님　베드로야, 내가 너를 씻기지 못하면 너와 내가 아무 상관이 없단다.
베드로　그래요? (과장되게) 히히, 그렇다면 제 발뿐 아니라 손과 머리도 씻겨 주세요.
예수님　(자상하게 웃으시며) 이미 목욕한 자는 발밖에 씻을 필요가 없어. 너희도 이처럼 너희 이웃을 섬기길 원해.

예수님과 제자들, 옆으로 살짝 비켜나고 스크린에 '최후의 만찬' 영상이 비쳐진다.

5 겟세마네 기도

해설자　정말 예수님은 참 좋으신 분이세요. 예수님께서 늘 섬기는 모습을 보여 주셨는데, 저도 그런 사람이 되고 싶네요. 그런데 이제 곧 예수님께서 죽으실 것이라 하시는데, 어쩌죠? 꼭 죽으셔야 할까요?

"겟세마네 기도"가 배경 음악으로 흐르는 동안 제자들, 한쪽 구석에서 코를 골며 자고 있다. 예수님은 전심으로 무릎 꿇고 기도하고 계신다. 음악이 끝날 때까지 예수님 기도한다.

예수님　(노래 끝나면) 아버지, 할 만하시거든 이 잔을 내게서 지나가게 하옵소서. 그러나 나의 원대로 마옵시고 아버지의 원대로 하옵소서. 십자가를 지는 것이 참으로 어렵고 피하고 싶으나 아버지의 뜻이라면 아버지께서 바라시는 대로 사람들을 대신해 십자가에서 죽겠습니다.

해설자　(훌쩍이며) 예수님께서 나와 친구를, 여러분들을 위해 십자가에서 죽으시겠다고 기도하시네요. 정말 하나님과 예수님의 사랑이 너무 감사해요. 나의 죄를 위해서 십자가에서 죽기로 결정하시는 예수님의 기도하는 모습을 보며, 우리도 이 시간 함께 기도했으면 좋겠어요.

전체 기도를 인도한다.

6 재판 받으시는 예수님

빌라도, 의자에 앉아 어찌할 바를 모르고 있고, 이러한 빌라도 주위를 로마 병사들 호위하고 있다. 제사장과 장로들, 사람들 예수를 가운데 세우고 주변에 둘러 서 있다.

빌라도　(말을 흐리며) 이 사람에게서 죄를 발견하지 못하겠는데…….
제사장　무슨 말씀이오, 총독? 이 사람은 하나님을 모독한 사람이오.

장로 1	총독, 이 예수라는 작자는 사람들을 선동하여 로마에 대항하려고 하는 사람이에요.
빌라도	(고민하며) 그래도, 그 정도로는 죄라고 하기 힘든데…….
장로 2	에이, 참. 이 사람을 살려두면 큰 일이 발생하게 될 거예요. 폭동이 일어날 거라고요. 이 사람을 죽여 주시오.
남자들	죽여 주시오! 죽여 주시오!
빌라도	음, 그렇다면 명절이 될 때 죄수 중 하나를 놓아 주는 관습이 있다. 너희들에게 바나바라고 하는 폭동 주동자와 예수 중 누구를 놓아 주었으면 좋겠느냐?
남자 3	바나바를 놓아 주시오.
빌라도	그렇다면 이 예수를 어떻게 하길 원하느냐?
장로 1	십자가에 못 박으시오.
사람들	십자가에 못 박으시오!
빌라도	악한 일을 한 것이 없는데, 어떻게 십자가에 못 박을 수가 있느냐?
사람들	(더 크게 격앙된 목소리로) 예수를 십자가에 못 박아라! 못 박아라!

7 베드로의 부인

해설자	결국 예수님께서 사람들에게 잡혀 가셨어요. 예루살렘 성에 입성할 때 환호성을 지르며 기뻐할 때는 언제고 이제는 모두들 예수님을 죽이라고 외치고 있네요. 제자들은 뭘하고 있는 걸까요?

노인, 계집종, 남자 2, 여인 2가 불을 쬐고 있는 시늉을 하고 있다.

베드로	(사람들 모여 있는 곳으로 다가오며) 아이, 추워. (주변을 두리번거리며) 불 좀 같이 쬐어도 되죠?
남자 2	그러슈.
계집종	(베드로를 뚫어지게 쳐다보며) 음, 어디서 본 듯한데……. 혹시 당신 예수와 함께 있지 않았어요?
베드로	(놀라며) 아, 아니요.
노인	(더 큰 소리로) 아니, 당신 그 자와 한패인 것 같은데?
베드로	(슬슬 자리를 뜨려고 하며) 아, 아니에요. 난 정말 몰라요. 저 사람을 모른다고요.
계집종	(쏘아붙이며) 아니에요. 내가 분명히 봤어요. 이 사람 저 자와 한패예요. 분명해요. 당신 한 패죠?
베드로	(단호하게) 아니, 난 몰라요. 난 그 작자와 한패가 아니란 말이요.

베드로 밖으로 뛰어나간다. 이 때 닭 우는 소리가 멀리서 들려온다.

8 십자가에 못박히신 예수님

해설자	예수님과 함께 있던 제자들도 떠나고, 베드로는 예수님을 부인하고……. 정말 슬퍼요. 결국 예수님은 우리 죄를 위해 십자가에 못 박히시게 되었어요.

조명 어두워지고, OHP로 예수님의 죽으신 모습이 비춰진다. 그 동안 연주자들은 "우리의 어두운 눈이 그를"을 연주한다.

9 무덤을 지키는 병사들

해설자   예수님은 십자가에서 못 박혀 죽으셨어요. 죽으시면서도 자신을 죽인 사람들을 용서하셨죠. 죽으신 후 예수님께서는 요셉이라는 사람의 무덤에 묻히셨어요. 제사장과 장로들은 평소에 예수님이 하셨던 다시 살아나실 것이라는 말씀을 기억하고 무서워하면서 로마 병사들에게 돌로 무덤 문을 막고 지키라고 명령했어요.

로마 병사들, 무덤을 지키고 있다.

로마 병사 1   아이, 참. 하필이면 왜 죽은 사람의 무덤을 지키는 일이야?
로마 병사 2   그러게. 아이, 무서워.
로마 병사 1   혹시 귀신이라도 나타나는 것 아닐까?
로마 병사 2   (깜짝 놀라며) 아이쿠, 이보게! 무서워. 두렵다고. 그러니 그런 말은 그만해.
로마 병사 1   아, 알았어. 그나저나 혹시 사람들이 시체를 훔쳐갈지 모르니 잘 지켜야 할 거야.

갑자기 큰 지진과 천둥 번개 치는 소리가 들리자(BGM) 로마 병사들 놀란다.

로마 병사 2   아이고, 이게 무슨 소리야? 무덤이 무너지나봐!
로마 병사 1   (들고 있던 창을 집어던지며) 이보게, 도망가세!

병사들, 뛰쳐나가며 도망간다.

10 부활하신 예수님

조명, 완전히 꺼졌다가 부분적으로 밝아진다.

해설자   도대체 무슨 일이 일어난 것일까요?

출연진 모두가 조그마한 소리로 "무덤에 머물러" 찬송을 후렴 전까지 한 번 부르고, 좀더 큰 소리로 한 번 더 부른다.

해설자   안식 후 첫날 이른 아침, 마리아와 여인들은 예수님이 묻혀 계신 무덤에 오게 되었어요.

마리아   돌 무덤을 누가 옮겨 줄까?
여인 1   그러게요. 예수님께 향품을 발라 드려야 하는데,
여인 2   (무덤을 바라보며) 아니, 이런! 무덤을 막고 있던 돌이 굴러가 무덤 문이 열려 있어요!

마리아, 얼른 무덤 안으로 들어간다. 여인들 퇴장.

마리아   (슬피 울며) 흑흑, 누가 우리 예수님의 시체를 훔쳐갔을까? (바닥에 주저앉아) 어떻게 해.
천사   여자여, 왜 두려워하느뇨? 어찌하여 산 자를 죽은 자 가운데서 찾느뇨?
마리아   (놀라며) 아니, 그렇다면 예수님이 다시 살아나셨다는 말인가요?
천사   그렇단다. 예수님이 다시 살아나겠다고 하신 말씀을 기억하라.
마리아   (기뻐하며) 예수님이 다시 살아나셨다고? 아, 기뻐라! 빨리 이 기쁜 소식을 전해야지.

마리아, 여인들, 함께 앞쪽에 서서 "살아계신 주"를 찬양하고, 모든 출연자들 일어나 주변을 감싸며 함께 "살아계신 주"를 찬양한다.